税理士のための
審査請求制度の手続と理論
実務に役立つ Q&A

税理士 **安井和彦** 著

税務経理協会

はしがき

　国税不服審判所では，民間から任期付の国税審判官を採用するようになり，現在，全国の国税審判官の半数は任期付の国税審判官になりました。

　また，平成26年6月の国税通則法の改正により，審査請求制度はより民事訴訟に近い制度となることになりました。

　しかしながら，制度を改めたからといってすべての問題が解決されるものではありません。審査請求制度にたずさわり，これを運用する税理士や弁護士，そして，国税審判官等の国税不服審判所の職員が，その制度を深く理解し，運用しなければ，制度の改革は所期の目的を達成することはできません。

　本書は，審査請求制度を利用する税理士等が，審査請求制度をより良く理解し，これを，納税者のために活用するための手続と理論について解説したものです。

　審査請求制度は，国税に関する行政処分に対する不服申立てをその対象としているので，行政処分の根拠となっている租税法規についての知識が必要であることは当然ですが，それと同時に，審査請求手続は争訟手続ですので，争訟手続についての知識も不可欠です。税理士等の方々は，その資格取得の際，必ずしも争訟手続についての知識が必要とされていないため，争訟手続についての知識が十分でないまま代理人を引き受け，ご苦労されている方も少なくないように見受けられます。

　本書では，争訟手続について学習したことのない方でも一応の理解ができるように，手続の流れを中心に審査請求手続を概観できるように1章を設けて解説し，また，それとは別に1章を設け，書面の記載例を配しました。さらに，より深く争訟手続を理解したいという読者のために，Q&Aという形式で争訟手続の理論的な解説を行いました。

平成27年2月　安井和彦

目　次

はしがき

第1章　総　論
- 第1節　国税不服審判所はどういうところか？ ……………………… 1
- 第2節　国税に関する不服申立制度 ……………………………………… 3
- 第3節　審査請求制度の利用状況 ………………………………………… 7

第2章　実際の審査請求手続
- 第1節　審査請求手続の開始 …………………………………………… 9
  1. 審査請求書の提出 …………………………………………………… 9
  2. 代理人の選任 ………………………………………………………… 19
  3. 審査請求書の補正 …………………………………………………… 25
  4. 総代の選任（共同審査請求） ……………………………………… 28
  5. 審査請求にかかる費用と時間 ……………………………………… 30
  6. 形式審査終了後の審判所の手続 …………………………………… 30
  7. 審査請求後の徴収手続 ……………………………………………… 36
- 第2節　調査・審理手続の開始 ………………………………………… 41
  1. 答弁書の送付 ………………………………………………………… 41
  2. 反論書等の提出 ……………………………………………………… 41
  3. 提出した反論書の取扱い …………………………………………… 41
  4. 審査請求の調査・審理の手順 ……………………………………… 42
  5. 証拠の提出 …………………………………………………………… 42
  6. 実際に反論する ……………………………………………………… 43
  7. 担当審判官に直接話をする ………………………………………… 44

I

8	担当審判官等が行う具体的な調査・審理（内容の検討）	50
9	担当審判官等が行う調査の性格	53
10	担当審判官等が行った調査結果の取扱い	53
11	争点整理	54
12	審理の状況・予定表	55
13	証拠の閲覧	56
14	審査請求の取下げ	59

第3節　合議，議決，裁決 … 61

1	合　議	61
2	議　決	61
3	裁　決	62
4	法規・審査	62
5	裁決とはどういうものか	62
6	裁決後の審査請求人の手続（訴訟の提起）	64

第3章　審査請求についてのQ＆A

Q1	国税不服審判所とはどのような機関か？	67
Q2	具体的に不服申立ての対象になる処分，不服申立ての対象にならない処分にはどのようなものがあるか？	69
Q3	不服申立てができる者とはどのような者か？	72
Q4	異議申立てを経ないで審査請求ができる場合とはどういう場合か？	72
Q5	調査・審理の留保とはどういうことか？	75
Q6	審査請求の対象は「原処分」なのか「異議決定」なのか？	76
Q7	異議申立てが「却下」されても審査請求はできるのか？	77
Q8	直接，訴訟を提起することはできないのか？	78
Q9	更正の請求に対する「一部又は全部に理由がないとした処分」でも，不服申立てできるのか？	78

Q10	「破産手続開始の決定」,「更生手続開始の決定」又は「民事再生手続開始の決定」があった場合の不服申立てはどうなるのか?	79
Q11	審査請求人が死亡した場合はどうなるのか?	79
Q12	審査請求を行っている法人が合併した場合はどうなるのか?	82
Q13	審査請求書を郵送等した場合,提出した日はいつになるのか?	82
Q14	審査請求書の提出後に住所が変更になった場合の手続は?	83
Q15	却下の裁決になるのはどのような場合か?	84
Q16	審査請求の審理の範囲は?	85
Q17	審査請求の訴訟物は何か?	89
Q18	審査請求における審判の対象は何か?	92
Q19	処分理由の主張の制約(青色更正の処分取消請求)	99
Q20	要件事実論	102
Q21	主張と立証	104
Q22	主要事実と間接事実	104
Q23	事実認定,証拠	108
Q24	立証責任	110
Q25	立証責任と職権主義の関係	116
Q26	審査請求人の主張責任	117
Q27	「処分」とは何か?	118
Q28	判 例	119
Q29	裁決の効力	129
Q30	過去の裁決を調べる方法は?	133
Q31	国税不服審判所に提出する書類の用紙は,どのように入手するのか?	134

第4章 実際に書類を書く

1 審査請求書の「審査請求の理由」欄の記載例 ……………… 137

 2 仮想事例を想定した記載例（審査請求書の「審査請求の理由」欄及び反論書） ……………………………………………………………… 140

参考文献 …………………………………………………………………… 143
索　引 ……………………………………………………………………… 144

第1章
総　論

第1節　国税不服審判所はどういうところか？

　国税不服審判所は，国税に関する法律に基づく処分（税務署長などが行った更正・決定や差押えなど）に対する審査請求について裁決を行う機関です。

　国税不服審判所は，税務行政部内における公正な第三者的機関として，適正

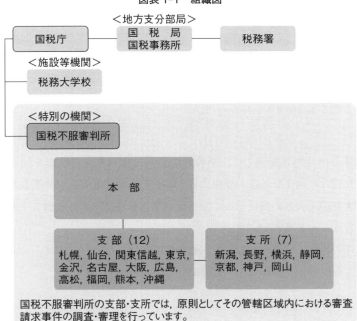

図表1-1　組織図

出典：　国税不服審判所ホームページ

図表 1-2　国税不服審判所の所在地・管轄区域

支部・支所		住　　所	電話番号
本部		〒100-8978　千代田区霞が関3-1-1	03-3581-4101
札幌		〒060-0042　札幌市中央区大通西10 札幌第二合同庁舎	011-231-9611
仙台		〒980-0014　仙台市青葉区本町3-2-23 仙台第二合同庁舎	022-221-7561
関東信越		〒330-9718　さいたま市中央区新都心1-1 さいたま新都心合同庁舎1号館	048-600-3221
	新潟	〒951-8114　新潟市中央区営所通二番町692-5	025-228-0991
	長野	〒380-0845　長野市西後町608-2	026-232-6489
東京		〒102-0074　千代田区九段南1-1-15　九段第2合同庁舎	03-3239-7181
	横浜	〒231-0023　横浜市中区山下町37-9　横浜地方合同庁舎	045-641-7901
金沢		〒921-8013　金沢市新神田4-3-10 金沢新神田合同庁舎	076-292-7880
名古屋		〒460-0001　名古屋市中区三の丸3-2-4 名古屋第二国税総合庁舎	052-972-9411
	静岡	〒420-0853　静岡市葵区追手町10-88	054-253-6376
大阪		〒540-0008　大阪市中央区大手前1-5-63　大阪合同庁舎第三号館	06-6943-0370
	京都	〒606-8323　京都市左京区聖護院円頓美町18	075-761-4285
	神戸	〒652-0802　神戸市兵庫区水木通2-1-4	078-577-3600
広島		〒730-0012　広島市中区上八丁堀6-30 広島合同庁舎4号館	082-228-2891
	岡山	〒700-0814　岡山市北区天神町3-23	086-222-8094
高松		〒760-0018　高松市天神前2-10　高松国税総合庁舎	087-861-5635
福岡		〒812-0013　福岡市博多区博多駅東2-11-1　福岡合同庁舎	092-411-5401
熊本		〒860-0047　熊本市西区春日2-10-1　熊本地方合同庁舎B棟	096-326-0911
沖縄		〒900-0029　那覇市旭町9　沖縄国税総合庁舎	098-867-2931

出典：国税不服審判所ホームページ

かつ迅速な事件処理を通じて，納税者の正当な権利利益の救済を図るとともに，税務行政の適正な運営の確保に資することを使命とし，税務署長や国税局長等と審査請求人との間に立って公正な立場で審査請求事件を調査・審理して裁決を行うこととされています。

　国税庁の特別の機関である国税不服審判所には，東京（霞が関）にある本部のほか，全国の主要都市に12の支部と7の支所があります。

第2節　国税に関する不服申立制度

　国税に関する法律に基づく処分（税務署長などが行った更正・決定や差押えなど）に不服がある納税者が，処分の取消しなどを求めることができる不服申立ては，税務署長などに対する「異議申立て」と，国税不服審判所長に対する「審査請求」との二段階となっています。

(1)　異議申立制度

　税務署長や国税局長等が行った処分（「原処分」といい，原処分を行った税務署長や国税局長を「原処分庁」といいます。）に不服がある場合に，その処分の取消しや変更を求めて原処分庁に対して不服を申し立てる制度で，不服申立ての第一段階の手続です。

　不服申立期間は，原則として，処分の通知を受けた日の翌日から2か月以内です。

　原処分庁は，その処分が正しかったかどうか，改めて見直しを行い，その結果（「異議決定」といいます。）を異議決定書謄本により異議申立人に通知します。

(2)　審査請求制度

① 　選択により異議申立てを経ないで審査請求をすることができる場合
  ・国税局長の行った処分に不服がある場合
  ・税務署長の行った所得税法又は法人税法に規定する青色申告に係る更正に不服がある場合
  ・法人税法130条1項に規定する連結確定申告書等に係る更正に不服がある場合
  ・処分を行った税務署長又は税関長が，その処分について異議申立てをすることができる旨を教示しなかった場合

② 審査請求のみをすることができる場合

　国税庁，国税局，税務署及び税関以外の行政機関の長又はその職員が行った処分に不服がある場合（例えば，登録免許税及び自動車重量税について登記官，国土交通大臣等が行った処分があります。）

(3) 訴訟の提起

　国税不服審判所長の裁決があった後の処分になお不服がある場合は，裁決があったことを知った日の翌日から6か月以内に裁判所に訴訟を提起することができます。

　なお，審査請求をした日の翌日から3か月を経過しても裁決がない場合は，裁決を経ないで裁判所に訴訟を提起することができます。

(4) 「行政不服審査法の施行に伴う関係法律の整備等に関する法律」の成立に伴う改正

　「行政不服審査法の施行に伴う関係法律の整備等に関する法律」が平成26年6月6日に成立し，同年6月13日に公布されました。この法律の成立による国税通則法の改正（以下「改正法」といいます。）は，改正行政不服審査法の施行の日から施行することとされており，改正行政不服審査法の施行期日は，「この法律は，公布の日から起算して2年を超えない範囲内において政令で定める日から施行する。」と規定されています。

　上記(1)ないし(3)についての，改正による変更事項は次のとおりです。

　ア　改正前は，処分があったことを知った日から2か月以内とされていた不服申立期間が3か月以内に改正されました。

　イ　改正前は，青色申告者等以外は，処分後，まず税務署長等の処分庁に対して異議申立てを行い，異議決定を経るか又は異議申立後3か月を経過しても決定がない場合に，国税不服審判所長に対して審査請求ができることとされていましたが，今回の改正により，納税者の選択により，税務署長等に対する異議申立てを行わずに，直接に国税不服審判所長に審査請求を

第1章 総論

図表1-3 国税に関する不服申立制度の概要図

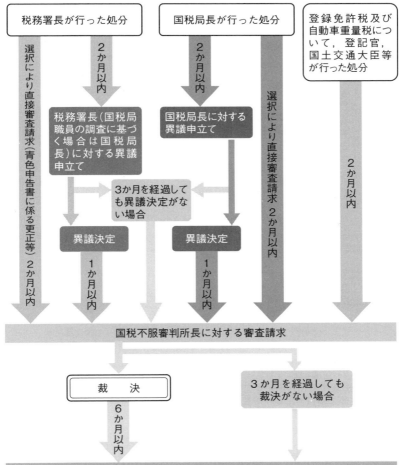

(注) 1 税関長が行った処分に不服がある場合は，処分をした税関長に対する異議申立てを経て，審査請求をすることができます。
2 国税庁長官が行った処分に不服がある場合は，国税庁長官に対する異議申立てを経て，訴訟を提起することができます（審査請求をすることはできません。）。
3 国税徴収法171条1項又は2項の適用があるときの不服申立期間については，上記の期間と異なる場合があります。

出典：国税不服審判所ホームページ

図表1-4 改正による変更事項

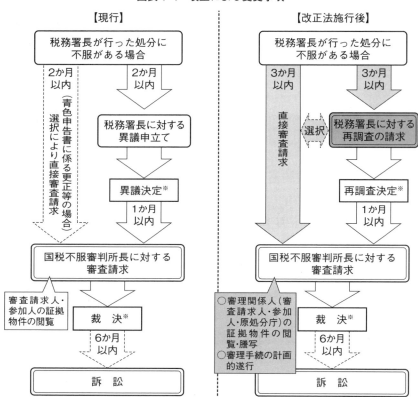

※ 税務署長等・国税不服審判所長から3か月以内に決定・裁決がない場合は、それぞれ決定・裁決を経ないで、審理請求・訴訟をすることができます。

することができることになりました。

また、「異議申立て」は「再調査の請求」に名称が変更になりました。

第1章 総論

第3節 審査請求制度の利用状況

(1) 審査請求の発生の状況

審査請求の発生件数（国税庁関係）は，平成23年度の2,947件をピークに，平成24年度の2,100件，平成25年度の1,530件と減少傾向を示しています（年度とは，毎年4月1日から翌年の3月31日までの期間を指します。）。

図表1-5 審査請求の発生状況

区分	申告所得税		源泉所得税		法人税等		相続税・贈与税		消費税等		その他		計		徴収関係		合計		国税庁関係(※)
16年度	(36.4 %)	1,124	(1.6 %)	50	(18.2 %)	562	(7.6 %)	235	(26.5 %)	818	(0.4 %)	12	(90.7 %)	2,801	(9.3 %)	286	(100.0 %)	3,087	
17年度	(30.0 %)	977	(2.0 %)	59	(19.3 %)	571	(10.4 %)	307	(26.6 %)	788	(0.9 %)	28	(92.1 %)	2,730	(7.9 %)	233	(100.0 %)	2,963	2,821
18年度	(28.6 %)	717	(2.1 %)	53	(17.1 %)	429	(8.2 %)	205	(23.8 %)	596	(0.1 %)	3	(80.0 %)	2,003	(20.0 %)	501	(100.0 %)	2,504	
19年度	(27.0 %)	743	(3.0 %)	83	(20.4 %)	563	(7.2 %)	197	(30.5 %)	841	(0.5 %)	14	(88.6 %)	2,441	(11.4 %)	314	(100.0 %)	2,755	
20年度	(30.3 %)	858	(2.0 %)	57	(17.2 %)	489	(6.4 %)	181	(33.2 %)	940	(0.6 %)	16	(89.6 %)	2,541	(10.4 %)	294	(100.0 %)	2,835	
21年度	(21.7 %)	706	(1.8 %)	57	(17.3 %)	563	(5.5 %)	179	(42.7 %)	1,390	(0.5 %)	15	(89.4 %)	2,910	(10.6 %)	344	(100.0 %)	3,254	2,908
22年度	(22.9 %)	705	(1.4 %)	44	(13.9 %)	429	(7.4 %)	229	(39.1 %)	1,206	(0.4 %)	12	(85.1 %)	2,625	(14.9 %)	459	(100.0 %)	3,084	2,853
23年度	(22.5 %)	806	(1.6 %)	57	(12.7 %)	453	(8.6 %)	307	(43.4 %)	1,555	(2.8 %)	100	(91.5 %)	3,278	(8.5 %)	303	(100.0 %)	3,581	2,947
24年度	(14.5 %)	521	(1.4 %)	51	(10.1 %)	362	(4.1 %)	149	(62.6 %)	2,254	(1.3 %)	47	(94.1 %)	3,384	(5.9 %)	214	(100.0 %)	3,598	2,100
25年度	(11.2 %)	321	(0.8 %)	22	(12.0 %)	344	(4.5 %)	128	(63.9 %)	1,825	(2.1 %)	60	(94.6 %)	2,700	(5.4 %)	155	(100.0 %)	2,855	1,530

※ 国税庁関係以外の請求件数の合計が100件以上である場合に，「合計」の内書きで「国税庁関係」の請求件数を記載しています。
出典：国税不服審判所ホームページ

(2) 審査請求の処理の状況

審査請求は，原則として1年以内に裁決をすることを目標としており，1年以内処理件数割合は，平成23年度は96.9％，平成24年度は96.2％，平成25年度は96.2％と高い割合を示しています（年度とは，毎年4月1日から翌年

の3月31日までの期間を指します。)。

図表1-6 審査請求の処理の状況

区分	全部認容		一部認容		棄却		却下		取下げ		計		国税庁関係(※)	容認割合	国税庁関係(※)	1年以内処理件数割合
16年度	(3.8%)	130	(10.7%)	363	(61.7%)	2,086	(7.2%)	245	(16.5%)	558	(100.0%)	3,382		14.6%		82.2%
17年度	(3.5%)	112	(11.3%)	358	(64.1%)	2,031	(5.9%)	188	(15.1%)	478	(100.0%)	3,167		14.8%		84.5%
18年度	(3.1%)	91	(9.2%)	270	(83.9%)	1,882	(11.2%)	329	(12.7%)	373	(100.0%)	2,945	2,766	12.3%	13.1%	85.6%
19年度	(3.8%)	92	(8.8%)	212	(66.2%)	1,592	(11.6%)	284	(9.3%)	224	(100.0%)	2,404		12.7%		89.0%
20年度	(5.7%)	159	(9.1%)	256	(65.6%)	1,847	(9.5%)	268	(10.1%)	284	(100.0%)	2,814		14.7%		92.6%
21年度	(5.5%)	143	(9.3%)	241	(62.5%)	1,620	(11.7%)	304	(11.0%)	285	(100.0%)	2,593		14.8%		92.2%
22年度	(4.1%)	153	(8.8%)	326	(61.6%)	2,289	(17.2%)	640	(8.3%)	309	(100.0%)	3,717	3,368	12.9%	14.2%	93.2%
23年度	(4.0%)	119	(9.6%)	285	(67.2%)	1,994	(9.6%)	285	(9.6%)	284	(100.0%)	2,967	2,737	13.6%	14.6%	96.9%
24年度	(4.1%)	150	(8.3%)	301	(68.6%)	2,482	(10.5%)	381	(8.4%)	304	(100.0%)	3,618	2,584	12.5%	17.3%	96.2%
25年度	(2.4%)	73	(5.3%)	163	(80.7%)	2,481	(6.4%)	197	(5.2%)	159	(100.0%)	3,073	1,933	7.7%	12.2%	96.2%

※ 国税庁関係以外の処理件数の合計が100件以上である場合に,「計」の内書きで「国税庁関係」の処理件数を記載しています。また,同様の場合に,国税庁関係の処理件数に係る認容割合を記載しています。
出典:国税不服審判所ホームページ

第2章

実際の審査請求手続

第1節 審査請求手続の開始

1 審査請求書の提出

　審査請求は所定の事項を記載した審査請求書を提出して行います。

　審査請求書が提出されると，国税不服審判所では，まず，所定の事項が記載されているかどうかを確認します。

　審査請求書に不備がない場合には，国税不服審判所は審査請求人が取消しを求めている原処分を行った税務署長や国税局長（原処分庁）に対して「答弁書」の提出を求めます。

　原処分庁から答弁書が提出されると，国税不服審判所は，担当審判官及び参加審判官を指定します。

　担当審判官と通常2名の参加審判官が合議体を構成します。

　合議体は，審査請求人と原処分庁の双方から提出される，審査請求書，答弁書，反論書，意見書という双方の主張を記載した書面等を基にして，当事者間で法令の適用上どの部分に争いがあるのか（争点）を整理し，明らかにします。

　担当審判官等は，当事者双方から争点についての証拠書類等の提出を受け，また，必要があると判断した時は，職権で調査を行い，合議体は，担当審判官等の調査等に基づき，原処分を取り消すべきか否かの判断（議決）をします。

　国税不服審判所長は，議決に基づき裁決を行い，審査請求人及び原処分庁に裁決書謄本を送付します。

図表 2-1 国税不服審判所における審査請求手続（一般的な審査の流れ・抜粋）

審査請求人		国税不服審判所		原処分庁（税務署長等）
審査請求書（正本・副本）	→提出→	収受		
←補正等の求め		↓	送付→	審査請求書（副本）
		形式審査		
		↓	答弁書要求→	
答弁書（副本）	←送付通知	担当審判官等の指定	←提出 通知→	答弁書（正本・副本）
担当審判官等の指定の通知	←	↓	→	担当審判官等の指定の通知
証拠書類等	→提出→		←提出	証拠書類等
反論書（反論がある場合）	→提出→	実質審理	←送付	審査請求人からの反論書
原処分庁からの意見書	←送付		提出→	意見書（意見がある場合）
書類等の閲覧請求→				
口頭意見陳述申立て→				
←質問・検査等			質問・検査等→	
争点の確認表	←送付	↓	送付→	争点の確認表
		議決		
		↓		
		法規・審査		
		↓		
裁決書謄本	←送付	裁判	送付→	裁決書謄本

出典：国税不服審判所ホームページ

第2章　実際の審査請求手続

審査請求書（初葉）

	審　査　請　求　書　（初　葉）					
正本	収受日付印	(注) 必ず次葉とともに、正副2通を所轄の国税不服審判所に提出してください。	※審判所処理事項	通信日付	確認印	整理簿記入

国税不服審判所長　殿　　① 請　求　年　月　日　　平成　　年　　月　　日

審査請求人	② 住　所・所　在　地（納　税　地）	〒		
	③ （ふりがな）氏　名・名　称	（　　　　　　　　　　）㊞	電話番号	－　　－
法人の代表者又は総代理人	④ 住　所・所　在　地	〒	総代が互選されている場合は総代選任届出書を必ず添付してください。	
	（ふりがな）氏　名・名　称	（　　　　　　　　　　）㊞	電話番号	－　　－
⑤ 代　理　人	住　所・所　在　地	〒	委任状（代理人の選任届出書）を必ず添付してください。	
	（ふりがな）氏　名・名　称	（　　　　　　　　　　）㊞	電話番号	－　　－

⑥ 原処分庁　（　　　　　　　　）税務署長・（　　　　　　　　）国税局長・その他（　　　　　　　　）

⑦ 処分日等　原処分（下記⑧）の通知書に記載された年月日：平成　　年　　月　　日
　　　　　　　原処分（下記⑧）の通知を受けた年月日　　：平成　　年　　月　　日

※更正・決定・加算税の賦課決定などの処分に係る日付であり、異議決定に係る日付とは異なりますからご注意ください。

審査請求に係る処分（原処分）	⑧処分名等（該当する番号を○で囲み、対象年分等は該当処分名ごとに記入する。）	税目等	処　分　名	対象年分等
		1 申告所得税 2 復興特別所得税 3 法人税 4 復興特別法人税	1 更正 2 決定 3 青色申告の承認の取消し 4 更正の請求に対する更正すべき理由がない旨の通知 5 更正の請求に対する更正 6 過少申告加算税の賦課決定 7 無申告加算税の賦課決定 8 重加算税の賦課決定 9 その他〔　　　　　　〕	
		5 消費税・地方消費税 6 相続税 7 贈与税 8 地価税	1 更正 2 決定 3 更正の請求に対する更正すべき理由がない旨の通知 4 更正の請求に対する更正 5 過少申告加算税の賦課決定 6 無申告加算税の賦課決定 7 重加算税の賦課決定 8 その他〔　　　　　　〕	
		9 源泉所得税 10 復興特別所得税	1 納税の告知 2 不納付加算税の賦課決定 3 重加算税の賦課決定	
		11 滞納処分等	1 督促〔督促に係る国税の税目：　　　　　　　　　〕 2 差押え〔差押えの対象となった財産：　　　　　　〕 3 公売等〔a 公売公告、b 最高価申込者の決定、c 売却決定、d 配当、e その他（　　　）〕 4 相続税の延納又は物納〔a 延納の許可の取消し、b 物納申請の却下、c その他（　　　）〕 5 充当 6 その他〔　　　　　　〕	
		12 その他		

※印欄には記入しないでください。

付表1号様式（初葉）

審査請求書（次葉）

審査請求書（次葉）

正本

審査請求人氏名（名称） _____

原処分に係る異議申立ての状況	⑨異議申立てをした場合（該当する番号を○で囲む。）	異議申立年月日 ： 平成___年___月___日 1 異議決定あり……異議決定書謄本の送達を受けた年月日 ： 平成___年___月___日 2 異議決定なし
	⑩異議申立てをしていない場合（該当する番号を○で囲む。）	1 所得税若しくは法人税の青色申告書又は連結確定申告書等に係る更正であるので、審査請求を選択する。 2 原処分の通知書が国税局長名（国税局長がした処分）であるので、審査請求を選択する。 3 原処分の通知書に異議申立てをすることができるという教示がないので、審査請求を選択する。 4 その他 [　　　　　　　　　　　　　　　　　　]
⑪審査請求の趣旨（処分の取消し又は変更を求める範囲）	⑪該当する番号を○で囲み、必要な事項を記入してください。 1 全部取消し……初葉記載の原処分（異議決定を経ている場合にあっては、当該決定後の処分）の全部の取消しを求める。 2 一部取消し……初葉記載の_____ _____ _____の取消しを求める。 3 その他……_____	
⑫審査請求の理由	⑫取消し等を求める理由をできるだけ具体的に、かつ、明確に記載してください。 なお、この用紙に書ききれないときは、適宜の用紙に記載して添付してください。 	
⑬添付書類の確認（該当する番号を○で囲む。）	1 委任状（代理人の選任届出書） 2 総代選任届出書 3 審査請求の趣旨及び理由を具体的に説明する資料 4 その他 [　　　　　　　　　　　　　　　　　　]	

○審査請求書の記載に当たっては、別紙「審査請求書の書き方」を参照してください。

付表1号様式（次葉）

〔記載要領〕

(1) 「①請求年月日」欄

審査請求書の提出年月日を記載します。

(2) 「②住所・所在地（納税地）」欄

審査請求をしようとする者の住所（法人の場合は、所在地）又は居所を記載します。住所（所在地）又は居所と納税地が異なる場合は、上段に住所（所在地）又は居所を、下段に納税地をかっこ書で記載します。

(3) 「③氏名・名称」欄、「④総代又は法人の代表者」欄

① 個人の場合には、③欄に氏名を記載し、押印します。
② 法人の場合には、③欄に名称を、④欄に代表者の住所又は居所及び氏名を記載し、代表者の印を押します（③欄に会社の印を押す必要はありません）。
③ 総代が互選されている場合には、④欄に総代の住所又は居所及び氏名（総代が法人の場合は、所在地及び名称）を記載し、押印します。なお、総代選任届出書を必ず添付します。
④ 氏名又は名称には、ふりがなを付けます。

(4) 「⑤代理人」欄

① 代理人が選任されている場合には、代理人の住所又は居所及び氏名（税理士法人の場合は、所在地及び名称）を記載し、押印します。
② 氏名又は名称にはふりがなを付けます。
③ 委任状（代理人の選任届出書）を必ず添付します。

(5) 「⑥原処分庁」欄

① 審査請求の対象とする更正処分等（原処分）の通知書に表示されている行政機関の長（例えば「○○税務署長」、「○○国税局長」等）を記載しま

す。
② 原処分の通知書に,「国税局の職員の調査に基づいて行った」旨の付記があある場合には,その国税局長が原処分庁となりますから「○○国税局長」と記載します。
③ 登録免許税に係る還付通知の請求に対してなされた還付通知をすべき理由がない旨の通知処分の場合には,「その他」欄に「○○法務局○○出張所登記官○○○○」と記載します。

(6) 「⑦処分日等」欄
① 上段には,「⑧処分名等」欄に記載する処分の通知書に記載されている年月日を記載します。
② 下段には,「⑧処分名等」欄に記載する処分の通知書の送達を受けた年月日を記載します。
　なお,通知を受けていない場合は,処分があったことを知った年月日を記載します。

(7) 「⑧処分名等」欄
① 「税目等」欄は,審査請求に係る処分の税目等の番号(税目が複数あれば該当するすべての番号)を○で囲みます。なお,番号「1」～「8」以外の場合(例:印紙税,登録免許税)には,番号「9」を○で囲み( )内に税目等を記載します。
② 「処分名」欄は,税目ごとに審査請求に係る処分名の番号を○で囲みます。なお,該当する処分名が掲げられていない場合は,各欄の「その他」に処分名を記載します。
③ 「滞納処分等」欄は,差押え等の滞納処分のほか,第二次納税義務の告知や延納等国税の徴収に係る処分を記載します。また,「公売等」及び「相続税の延納又は物納」については,審査請求の対象となる処分の記号を○で囲むか,該当する処分名が掲げられていない場合には,同欄の「その

他」の記号を○で囲み,( )内に処分名を記載します。
④ 「対象年分等」欄は,処分名欄で○で囲んだ処分名ごとに対象年分,対象事業年度,対象課税期間,対象月分等を記載します。なお,対象年分等が複数の場合は,それぞれ記載します。

〔記載例〕

区　　分	対象年分等欄の記載例
申告所得税の場合	平成○年分
源泉所得税の場合	平成○年○月～平成○年○月分
法人税の場合	平成○年○月○日～平成○年○月○日事業年度分
法人税（連結事業年度に係るもの）の場合	平成○年○月○日～平成○年○月○日連結事業年度分
相続税の場合	平成○年○月○日相続開始分
消費税・地方消費税の場合	平成○年○月○日～平成○年○月○日課税期間分

(8) 「⑨異議申立てをした場合」欄
① 「異議申立年月日」欄には,異議申立書の提出年月日を記載します。
② 審査請求を行う前に,「異議申立てに対する異議決定書謄本の送達を受けた場合には,番号「1」を○で囲み,送達を受けていない場合には,番号「2」を○で囲みます。なお,番号「1」を○で囲んだ場合には,異議決定書の送達を受けた年月日を記載します。

(9) 「⑩異議申立てをしていない場合」欄
異議申立てをしないで直接審査請求をする場合,その理由が「1」～「3」のいずれかに該当するときは,該当する番号を○で囲みます。また,その理由が「1」～「3」に掲げる理由のいずれにも該当しないときは,番号「4」を○で囲み,その理由を( )内に記載します。

〔記載例〕

> 原処分の通知書に審査請求をすることができる旨の教示がある。

⑽　「⑪審査請求の趣旨」欄

　審査請求の対象とする処分の取消し等を求める範囲について、「1」〜「3」のうち該当する番号を○で囲み、「2　一部取消し」又は「3　その他」の場合には、その求める範囲を具体的に記載します。

〔2　一部取消しの場合の記載例〕

> 　初葉記載の申告所得税の平成○年分の更正処分のうち所得金額△△円を超える部分に対応する税額に係る更正処分の取消し及びこれに伴う過少申告加算税の賦課決定処分の取消しを求める。

〔3　その他の場合の記載例〕

> 　初葉記載の贈与税の延納条件を2年とする処分を3年へ変更することを求める。

⑾　「⑫審査請求の理由」欄

　原処分の全部又は一部の取消し等を求める理由をできるだけ具体的に、かつ、明確に記載します。この用紙に書ききれないときは、適宜の用紙に記載して添付します。

〔申告所得税の場合の記載例〕

> 　私は、土地建物を平成○年○月○日に譲渡したので、租税特別措置法第35条第1項の特別控除の規定を適用して所得税の確定申告書を提出したがA税務署長は、当該規定の適用は認められないとして更正処分等を行った。これは、次のとおり事実を誤認したものである。

(以下，主張する事実関係を詳しく記載します。)

〔源泉所得税の場合の記載例〕

B税務署長は，外注先甲に対する支払が所得税法第183条第1項の「給与等」に該当するとして源泉所得税の納税の告知をしたが，この処分は次の理由により法律の適用誤りである。
(以下，適用誤りとする理由を詳しく記載します。)

〔相続税の場合の記載例〕

私は，相続により取得したゴルフ会員権の価額を○○○円と評価して相続税の申告をしたが，C税務署長はこれを△△△円と評価して更正処分等を行った。しかしながら，これは次のとおり評価を誤ったものである。
(以下，誤った評価とする理由を詳しく記載します。)

〔消費税・地方消費税の場合の記載例〕

D税務署長は，取引先乙に支払った手数料の金額が，消費税法第30条第1項に規定する仕入税額控除の対象と認められないとして更正処分等を行った。しかしながら，この手数料については，次の理由により，仕入税額控除の対象とされるべきである。
(以下，対象とされるとする理由を詳しく記載します。)

〔滞納処分等の場合の記載例〕

E税務署長は，私の所有するA町所在の土地を差し押さえた上に，更にB町所在の土地についても差押えを行ったが，次の理由により，B町所在の土地に対する差押処分は違法である。
(以下，違法であるとする理由を詳しく記載します。)

⑿ 「⑬添付書類の確認」欄

① 委任状（代理人の選任届出書）

代理人が選任されている場合には，委任状（代理人の選任届出書）を添付し，番号「1」を○で囲みます。

なお，納税管理人を代理人として審査請求をする場合にも，委任状が必要です。

② 総代選任届書

総代が互選されている場合には，総代選任届出書を添付し，番号「2」を○で囲みます。

③ 審査請求の趣旨及び理由を計数的に説明する資料

審査請求の趣旨及び理由を計数的に説明する必要がある場合には，その資料を添付し，番号「3」を○で囲みます。

④ その他

（　）内には，上記以外に添付する書類名を具体的に記載します。

(注) 審査請求の趣旨及び理由を計数的に説明する資料とは，例えば収支計算書など審査請求人の主張を補充するための資料であって，証拠書類の添付までを求めるものではありません。

〔審査請求書の提出方法等〕

審査請求書は，次のいずれかの方法により提出することができます。

- 国税不服審判所の支部（又は支所）の窓口に提出
- 郵便又は信書便による提出
- 国税電子申告・納税システム（e-Tax）による提出
- 原処分庁を経由して提出（異議決定が原処分庁によるものでない場合は，異議決定をした行政機関へ提出することもできます。）

審査請求書の用紙は，国税不服審判所の支部（又は支所）や税務署備付けのもののほか，国税不服審判所ホームページ（http://www.kfs.go.jp）からダウンロードすることができます。

(注) 1　審査請求に当たっては，手数料を納める必要はありません。

2 e-Taxでは，審査請求書のほかに，審査請求に関する申請書及び届出書も提出することができます。
　詳しくは，e-Taxホームページ（http://www.e-tax.nta.go.jp）をご覧ください。
3 審査請求書の提出日は，提出方法により次のとおりとなります。
① 郵便又は信書便による提出…通信日付印の日（国税徴収法第171条第3項の適用があるものを除きます。）
② e-Taxによる提出…受付システムのファイルへ記録された日
③ 原処分庁を経由しての提出…原処分庁の窓口に提出した日，通信日付印の日

2 代理人の選任

(1) 代理人の選任は必要か

　審査請求は，審査請求人本人のみですることができます。また代理人を選任することもできます。
　国税不服審判所では，代理人が選任されない場合でも，審査請求人の主張を十分に聞き，手続を進めることとされています。

(2) 代理人となるための資格の制限はあるか

　訴訟の場合とは異なり，代理人となるための資格の制限はありません。税理士や弁護士など適当と認められる者を代理人とすることができます。

(3) 代理人の選任手続は

　代理人を選任する場合には，その権限を証明する書面を，国税不服審判所に提出します。
　なお，税理士（税理士法人及び税理士業務を行う弁護士等を含む。）を代理人に選任する場合（税理士法第2条に規定する税務代理を行う場合）には，「代理人の選任届出書」に代えて，税理士法第30条に規定する書面（税務代理権限証書）を提出します。

(4) **代理人の権限はどのようなものか**

　代理人は，審査請求人のために，「審査請求の取下げ」及び「復代理人の選任」以外の審査請求に関する一切の行為をすることができます。

　審査請求の取下げ及び復代理人の選任については代理人に特別の委任をしなければならないこととされていますので，代理人にこの特別の委任をする場合には，その権限を証明する書面（「代理人に特別の委任をした旨の届出書」）を提出することになります。

　また，国税不服審判所から審査請求人へ送達する書類の送達先を代理人とすることができますが，この場合には，「書類の送達先を代理人とする申出書」を提出します。

代理人の選任・解任届出書

平成　年　月　日

国税不服審判所長　殿

　　　　　　　　審査請求人
　　　　　　　　　（住所・所在地）
　　　　　　　　　＿＿＿＿＿＿＿＿＿＿＿＿＿＿＿＿＿
　　　　　　　　　（氏名・名称）
　　　　　　　　　＿＿＿＿＿＿＿＿＿＿＿＿＿＿＿㊞
　　　　　　　　　（法人の場合、代表者の住所）
　　　　　　　　　＿＿＿＿＿＿＿＿＿＿＿＿＿＿＿＿＿
　　　　　　　　　（法人の場合、代表者の氏名）
　　　　　　　　　＿＿＿＿＿＿＿＿＿＿＿＿＿＿＿㊞
　　　　　　　　　（電話番号）
　　　　　　　　　（連絡先等）＿＿＿＿＿＿＿＿＿＿＿

代　理　人　の　選　任　届出書
　　　　　　　　解　任

私は、下記1の事項について、下記2の者を代理人に選任　したので届け出ます。
　　　　　　　　　　　　　　　　　　　　　から解任

記

1　委任事項

　　審査請求に関する一切の行為

2　代理人
　　住所・所在地
　　（　事　務　所　）　＿＿＿＿＿＿＿＿＿＿＿＿＿＿＿

　　氏名・名称　＿＿＿＿＿＿＿＿＿＿＿＿＿

　　職　　　業　＿＿＿＿＿＿＿＿＿＿＿＿＿

　　電話番号（連絡先等）＿＿＿＿＿＿＿＿＿

付表13号様式

(注)　1　審査請求人が複数の場合には、「別紙1」を作成の上、添付してください。
　　　2　複数の代理人を選任（解任）される場合には、「別紙2」を作成の上、添付してください。
　　　3　国税通則法第107条第2項ただし書に規定する「特別の委任」をする場合には、「別紙3」を併せて作成の上、添付してください。
　　　　　なお、特別の委任に基づき代理人が復代理人を選任（解任）する場合の届出は、当該様式に所要の補正を加えて使用してください。
　　　4　税理士（税理士法人及び税理士業務を行う弁護士等を含む。）の場合には、当該様式に代えて、税理士法第30条に規定する書面（「税務代理権限証書」）を提出することとなります。

税務代理権限証書

受付印

※整理番号

　　年　月　日
　　　　　　殿

税 務 代 理 権 限 証 書

税理士 又は 税理士法人	氏名又は名称	
	事務所の名称 及び所在地	電話（　　）　－
	連絡先	電話（　　）　－
	所属税理士会等	税理士会　　支部　登録番号等　第　　号

上記の税理士／税理士法人を代理人と定め、下記の事項について、税理士法第2条第1項第1号に規定する税務代理を委任します。

　　　　　　　　　　　　　　　　　　　　　　　　　　　年　月　日

依頼者	氏名又は名称	㊞
	住所又は事務所 の所在地	電話（　　）　－

1　税務代理の対象に関する事項

税目	（　　　　）税	（　　　　）税	（　　　　）税
年分等	平成　　年分（年度）	平成　　年分（年度）	平成　　年分（年度）
	自 平成　年　月　日 至 平成　年　月　日 （　　　　　　　）	自 平成　年　月　日 至 平成　年　月　日 （　　　　　　　）	自 平成　年　月　日 至 平成　年　月　日 （　　　　　　　）

2　その他の事項

※事務処理欄	部門		業種		他部門等回付	・・（　）部門

代理人に特別の委任・特別の委任の解除をした旨の届出書

平成　年　月　日

国税不服審判所長　殿

審査請求人
（住所・所在地）

（氏名・名称）　　　　　　　　　　　　印

（法人の場合、代表者の住所）

（法人の場合、代表者の氏名）　　　　　印

（電話番号）
（連絡先等）

代 理 人 に　特 別 の 委 任／特別の委任の解除　を し た 旨 の 届 出 書

私は、下記1の代理人に対して、下記2の　特 別 の 委 任／特別の委任の解除　をしたので届け出ます。

記

1　代理人

　　住所・所在地

　（　事　務　所　）

　　氏名・名称

　　職　　　業

　　電話番号（ 連絡先等）

2　委任事項（ 該当する事項の□をチェックしてください。）

　□　審査請求「取下げ」の権限

　□　代理人により復代理人を選任する権限

付表13号様式（別紙3）

書類の送達先を代理人とする申出書

国税不服審判所長　殿

　　　　　　　　　　　（審査請求人）
　　　　　　　　　　　　住所・所在地　＿＿＿＿＿＿＿＿＿＿＿＿＿＿
　　　　　　　　　　　（ふりがな）
　　　　　　　　　　　　氏名・名称　　＿＿＿＿＿＿＿＿＿＿＿＿＿㊞
　　　　　　　　　　　（法人の場合）
　　　　　　　　　　　　代表者の住所　＿＿＿＿＿＿＿＿＿＿＿＿＿＿
　　　　　　　　　　　（ふりがな）
　　　　　　　　　　　　代表者の氏名　＿＿＿＿＿＿＿＿＿＿＿＿＿㊞

書類の送達先を代理人とする申出書

　私は、下記1の審査請求に関する行為を行う権限を下記2の代理人に委任し、「代理人の選任届出書」を提出したので、当該審査請求に係る下記3の書類の送達先を代理人とすることを申し出ます。

　　　　　　　　　　　　　　　　記

1　審査請求
　　原処分　＿＿＿＿＿＿＿＿＿＿＿＿＿＿＿＿＿＿＿＿＿＿＿＿＿＿＿

2　代理人
　　住　所（事務所所在地）
　　　〒＿＿＿＿－＿＿＿＿＿＿＿＿＿＿＿＿＿＿＿＿＿＿＿＿＿＿＿＿
　（ふりがな）
　　氏　名　＿＿＿＿＿＿＿＿＿＿＿＿＿＿　職　業　＿＿＿＿＿＿＿＿＿
　　連絡先（電話番号）　＿＿＿＿＿＿－＿＿＿＿＿－＿＿＿＿＿

3　送達先を代理人とする書類（いずれかの番号に○を付す。）
　(1)　答弁書副本、裁決書謄本その他審査請求に係る一切の書類
　(2)　(1)の書類のうち、裁決書謄本以外の書類
　(3)　その他（具体的に記載）

3 審査請求書の補正

(1) 審査請求書提出後の審査

　審査請求書が提出されると，審査請求をする税目，対象年分，処分名や審査請求の趣旨，理由等が正しく記載されているか，また，期限内に審査請求が行われているかなど，審査請求が法律の定めた要件を満たすものであるか否かという形式面の審査を行います。

　形式面の審査の結果，審査請求が法律の定めた要件を満たすものであると認められると，国税不服審判所長は，課税処分等を行った税務署長等（原処分庁）に対して，課税処分等の根拠となる原処分庁の主張を記載した答弁書の提出を求めることになります。

(2) 審査請求書提出に際し注意したい事項（誤り事例）

① 審査請求書の副本は，国税不服審判所長が原処分庁に答弁書を提出させる際に送付することとされており（通則法93条1項），そのため，審査請求書は正副2通提出しなければならない（通則法87条4項）とされているにもかかわらず，審査請求書が1通しか提出されていない。

② 審査請求をしようとする処分が特定されていないなど，審査請求書に記載すべきものとされている事項（通則法87条1項，2項）が正しく記載されていない。

③ 代理人や総代が選任されているにもかかわらず，その権限を証する書面の提出がない。

④ 審査請求書には，「審査請求の趣旨」として，処分の取消し又は変更を求める範囲を明らかにするように記載するものとされ，「審査請求の理由」として，処分に係る通知書その他の書面により通知されている処分の理由に対する審査請求人の主張が明らかにされていなければならないものとされている（通則法87条3項）にもかかわらず，単に「原処分は違法であるからその全部の取消しを求める」と記載されている。

(3) **審査請求書の記載に不備があった場合の審判所の対応**

　審査請求書の記載内容に不備があった場合，その不備が補正することができるものについては相当の期間内（通常1週間程度）に補正することを求められます。

　この場合に，審査請求人は，国税不服審判所に出頭して補正すべき事項について陳述し，その陳述の内容を国税不服審判所の職員が録取した書面に押印することによってもこれをすることができるとされています（通則法91条2項）。

　また，審査請求が法定の期間経過後にされたものであるなど補正することができないものである場合には，審査請求を却下する裁決がされることになります（通則法92条）。

審査請求書の補正書

平成　年　月　日

_____国税不服審判所

　管　理　課　長　殿

　　　　　　　　　　（住所・所在地）_____

　　　　　　　　　　（氏　名・名　称）_____ 印

審　査　請　求　書　の　補　正　書

　平成　年　月　日付で提出した_____の審査請求書について下記のとおり補正します。

記

補正を要する事項	補正内容

4 総代の選任（共同審査請求）

　1つの処分について複数の人が取消しを求める場合や，複数の人の審査請求が同一の事実上及び法律上の原因に基づいており，画一的に処理されなければならない場合には，共同して審査請求（共同審査請求）を行うことができます。
　具体的には，次のような場合があります。
① 1つの処分の取消しを複数の人が求める場合
　　複数の抵当権者が，1つの差押処分について，共同して審査請求をする場合
② 複数の人の不服申立てが互いに事実関係及び法律関係を共通にする場合
　　複数の相続人が，相続税の課税価格の合計額又は相続税の総額に係る各相続人の相続税額につきなされた更正処分について，共同して審査請求をする場合

　共同審査請求では，3人を超えない範囲で「総代」を互選することができます。また，国税不服審判所長は，必要があると認めるときは総代の互選を命ずることができることとされています。
　総代の権限等は，次のとおりです。
- 総代は，他の共同審査請求人のために，審査請求の取下げを除き，審査請求に関する一切の行為をすることができます。
- 総代が選任されたときは，他の共同審査請求人は，総代を通じてのみ審査請求に関する一切の行為（審査請求の取下げを除く）をすることができます。
- 総代が2人以上選任されている場合は，総代各自がその権限を行使できますが，国税不服審判所長，各支部の首席国税審判官及び担当審判官からの通知その他の行為は，1人の総代に対してすれば足りるとされています。
- 審査請求書の提出後に総代を選任した場合には，速やかにその権限を証明する書面（総代選任届出書）を提出することとされています。また，総代を解任した場合にも，その旨を書面で届け出ることとされています。

第2章　実際の審査請求手続

総代の選任・解任届出書

平成　年　月　日

国税不服審判所長　殿

総　代　の　選任／解任　届　出　書

　私たちは、平成　年　月　日付で提出した審査請求について、下記の者を総代に選任／から解任したので届け出ます。

審査請求人

住所・所在地	
氏名・名称　　　　　　印	電話番号

住所・所在地	
氏名・名称　　　　　　印	電話番号

住所・所在地	
氏名・名称　　　　　　印	電話番号

住所・所在地	
氏名・名称　　　　　　印	電話番号

〔欄が不足する場合は、「別紙」を作成の上、添付してください。〕

記

総　代

　氏名・名称
　_____

　氏名・名称
　_____

　氏名・名称
　_____

付表14号様式

5　審査請求にかかる費用と時間

(1)　審査請求にあたって国税不服審判所に支払う費用

　民事訴訟については，民事訴訟費用等に関する法律があり，裁判所に費用を支払う必要がありますが，審査請求においては，審査請求書を提出してから裁決書を受け取るまでの間に，国税不服審判所に対して支払う手数料等の費用負担は一切ありません。

　なお，国税不服審判所に出向くための費用や代理人を依頼した場合に代理人に対して支払う報酬は，審査請求人が支払うことになるのは，民事訴訟の場合と同じです。

(2)　審査請求に要する期間

　審査請求書が提出されてから裁決がされるまでの期間は平均して10か月です。しかし，審査請求の内容や当事者の対応によって，所要期間は一律ではありません。

　なお，国税不服審判所は，審査請求書の収受後，原則として1年以内に裁決ができるように取り組んでおり，例年90％以上が1年以内に処理されています。

　改正法で，裁決をするまでに通常要すべき標準的な期間を定めるよう努める旨の規定が新たに設けられました。

　なお，審査請求をしてから3か月を経過しても裁決がない場合は，裁決を経ることなく地方裁判所に訴訟を提起することができます。

6　形式審査終了後の審判所の手続

(1)　原処分庁に対する答弁書提出要求

　審判所に審査請求書が提出され，形式面の審査の結果，審査請求が法律の定めた要件を満たすものであると，国税不服審判所長は原処分庁に審査請求書の副本を送付し，その意見を求めます。

(2) **原処分庁からの答弁書の提出**

　この国税不服審判所長の求めに対して，原処分庁は，原処分が適法である旨の主張を記載した書面（答弁書）を正本と副本のそれぞれ1通提出します。

　国税不服審判所長は，このうちの副本を審査請求人に送付しなければならないこととされています（通則法93条6項）。

　この段階で原処分庁において，審査請求人の主張を正当なものと認めた場合には，原処分庁が原処分を取り消すこともあります。

(3) **答弁書**

　答弁書とは，審査請求の趣旨と理由に対応して，原処分庁の主張を記載した書面です。

　原処分庁として，審査請求の趣旨に対して，どのような内容の裁決を求めるかを明らかにするとともに，審査請求の理由として記載された事項に対応して，原処分の適法性についてその主張を具体的に記載することとされています（通則法93条2項）。

　この答弁書の副本は国税不服審判所から審査請求人に送付することになっていますので，審査請求人は，この答弁書の副本によって審査請求人の主張に対する原処分庁の主張を知ることができます。

　この答弁書に記載された原処分庁の主張に対して反論がある場合には，審査請求人は反論書を提出することができます。

答弁書

副 本	麹所第〇〇〇号
	平成〇〇年〇月〇日

東京国税不服審判所長
首席国税審判官　甲野次郎　殿

麹町税務署長
乙山四朗　㊞

答　弁　書

1　事案の表示
　(1)　審査請求人　丙川太郎
　(2)　審査請求年月日　　平成〇〇年〇月〇日
　(3)　審査請求に係る処分
　　　　平成××年分の所得税にかかる平成△△年△月△日付更正処分及びこれに伴う過少申告加算税の賦課決定処分

2　請求の趣旨に対する答弁
　　　審査請求を棄却する
　　との裁決を求める。

3　請求の理由に対する答弁（原処分庁の主張）
　　別紙のとおり。

別　紙

1　審査請求人（以下「請求人」という。）は，株式会社九段興業（以下「九段興業」という。）に対する500,000円の売上計上もれについて，その取引の事実がない旨主張されますが，九段興業に対する調査の結果，同社が請求人から平成○○年○月○日に反物25反を買入れ，請求人に現金500,000円を支払った事実が認められるから，請求人の主張には理由がない。

2　請求人は，接待交際費の否認額400,000円について，得意先の接待のために九段興業に支払った旨を主張されますが，原処分の際の調査及び異議申立てに対する調査の過程において，係官が請求人に対して接待交際費400,000円の支払いを証する資料の提示及びその支払いに係る具体的な内容の説明を求めたにもかかわらず，請求人が言を左右にして，その説明も資料の提示もしなかったのである。

　また，審査請求において，請求人は新たに九段興業に支払った旨を主張されますが，その主張には具体性がなく，かつ，その支払いを証する資料を添付していないこと，ならびに前記の調査の経緯などからして，請求人の主張には理由が乏しい。

3　以上の結果，総所得金額は2,667,890円に上記1の売上金額の計上漏れ額500,000円及び上記2の接待交際費の否認額400,000円を加算した金額3,567,890円となる。

　また，それに伴い過少申告加算税の賦課決定は，正当である。

（以　下　余　白）

反論書の提出について

平成　年　月　日

_____ 国税不服審判所
担当審判官 _____ 殿

　　　　　　　　　　　審査請求人
　　　　　　　　　　　　（住所・所在地）
　　　　　　　　　　　_____

　　　　　　　　　　　（氏名・名称）
　　　　　　　　　　　_____ 印

　　　　　　　　　　　（法人の場合、代表者の住所）
　　　　　　　　　　　_____

　　　　　　　　　　　（法人の場合、代表者の氏名）
　　　　　　　　　　　_____ 印

　　　　　　　　　　　代　理　人
　　　　　　　　　　　　（住所・所在地）
　　　　　　　　　　　_____

　　　　　　　　　　　（氏名・名称）
　　　　　　　　　　　_____ 印

反　論　書　の　提　出　に　つ　い　て

　平成　　年　　月　　日付の原処分庁の 答弁書／意見書 に対する反論書を提出します。

付表2号様式（初葉）

(注) 代理人が提出される場合は、審査請求人の「印」は必要がありません。

第 2 章　実際の審査請求手続

次　葉

(　枚のうち　枚目)

反　　　論　　　書

付表 2 号様式（次葉）

(4) 審査請求手続の担当者の決定

　国税不服審判所長は，原処分庁から答弁書が提出されると，その審査請求についての調査・審理を担当する担当審判官と参加審判官（通常2名）を指定します。

　審査請求手続は，この担当審判官と参加審判官で構成される合議体が行います。また，調査に従事する職員が担当（分担者）に加わることがあります。

(5) 担当者の通知

　個々の審査請求に係る担当審判官，参加審判官，分担者の氏名や所属は，「担当審判官等の指定の通知及び答弁書副本の送付について」という書面（担当審判官等の指定の通知）によって通知されます。

(6) 担当審判官・参加審判官の役割

　担当審判官と参加審判官は，原処分の適法性について，審査請求人及び原処分庁の主張の相違点（争点）を中心に議論して審理を進めます。

　担当審判官や参加審判官は，審査請求人と原処分庁のそれぞれの主張を審査請求書，答弁書，反論書，意見書等から整理し，審査請求人と原処分庁双方から提出された証拠の検討を行います。

　また，担当審判官は，審理を行うため必要があるときは，審査請求人の申立てにより，又は職権で事実の確認についての調査を行うこともあります（通則法97条1項）。

　担当審判官と参加審判官で構成される合議体で，審査請求人と原処分庁の主張や証拠について検討する合議を開催し，議決を行い，この議決に基づいて裁決が行われます（通則法98条3項）。

7　審査請求後の徴収手続

　審査請求後の徴収の手続は次のようになります。

(1) 執行不停止の原則

国税に関する法律に基づく処分に対する不服申立ては，その目的となった処分の効力，処分の執行又は手続の続行を妨げないこととされています（通則法105条1項）。

(2) 換価の制限

執行の停止を全く認めず，徴収手続をそのまま実行したとすると，異議決定又は裁決によって原処分が取り消された場合には，その実効を伴わないこととなります。

そこで，国税の徴収のため差し押さえた財産の滞納処分による「換価（被差押債権の取立てを除く。）」は，不服申立てについての決定又は裁決があるまでは原則としてできないこととされています。

ただし，差押財産の価額が著しく減少するおそれがあるとき又は不服申立人から書面で換価の申出があったときは，換価ができることになっています（通則法105条1項）。

(3) 徴収の猶予又は滞納処分の続行の停止

税務署長等は，処分を続行すると事業の継続が困難となる等必要があると認めるときには，不服申立人の申立てにより又は職権で，不服申立ての目的となった処分に係る国税の全部又は一部の徴収を猶予し，若しくは滞納処分の続行を停止することができます（通則法105条2項）。

(4) 差押えの猶予等

上記(3)による徴収の猶予等が行われない場合であっても，税務署長等は，不服申立人が担保を提供して差押えをしないこと又は既にされている差押えを解除することを求めた場合において，相当と認めるときは，その差押えをせず又はその差押えを解除することができます（通則法105条3項）。

徴収の猶予等の申立書

平成　年　月　日

国税不服審判所長　殿

審査請求人
　（住所・所在地）
　　　　　　　　　　　　　　　　　　　　　　　　㊞
　（氏名・名称）

　（法人の場合、代表者の住所）

　（法人の場合、代表者の氏名）
　　　　　　　　　　　　　　　　　　　　　　　　㊞

代　理　人
　（住所・所在地）

　（氏名・名称）
　　　　　　　　　　　　　　　　　　　　　　　　㊞

徴　収　の　猶　予　等　の　申　立　書

　下記1の審査請求に係る国税について、国税通則法第105条第4項の規定に基づき、裁決の効力が生ずるまでの間、下記2のとおり　徴収を猶予／滞納処分の続行を停止　することを徴収の所轄庁に求めるよう申し立てます。

記

1　審査請求
 (1) 所　轄　庁

 (2) 原　処　分

 (3) 審査請求書収受年月日　　　平成　　年　　月　　日

2　徴収の猶予等を求める理由

付表7号様式

（注）代理人が提出される場合は、審査請求人の「印」は必要がありません。

第 2 章　実際の審査請求手続

滞納処分による差押えの解除等の申請書

平成　　年　　月　　日

国税不服審判所長　殿

審査請求人
　（住所・所在地）
　―――――――――――――――――
　（氏名・名称）　　　　　　　　　　印
　―――――――――――――――――
　（法人の場合、代表者の住所）
　―――――――――――――――――
　（法人の場合、代表者の氏名）　　　印
　―――――――――――――――――

代　理　人
　（住所・所在地）
　―――――――――――――――――
　（氏名・名称）　　　　　　　　　　印
　―――――――――――――――――

滞納処分による差押えの解除等の申請書

　下記1の審査請求に係る国税について、国税通則法第105条第5項の規定に基づき徴収の所轄庁に下記2に掲げる担保を提供しますので、裁決の効力が生ずるまで、下記3及び4のとおり<u>滞納処分による差押えをしないこと／既にされている滞納処分による差押えを解除すること</u>を徴収の所轄庁に求めることを申請します。

記

1　審査請求
　(1)　所　轄　庁
　(2)　原　処　分
　(3)　審査請求書収受年月日　　平成　　年　　月　　日

2　提供する担保
　　担保の種類・数量
　　――――――――――――――――――――――――
　　担保の評価額　　　　　　　　　円
　　――――――――――――――――――――――――

3　差押えの解除を求める物件
　　物件の種類、数量　　　　　　　　物件の所在

4　差押えの解除等を求める事情

付表8号様式

（注）代理人が提出する場合は、審査請求人の「印」は必要がありません。

図表 2-2 審査請求のイメージ図

第2節　調査・審理手続の開始

1　答弁書の送付

　「担当審判官等の指定の通知」と一緒に，原処分庁から国税不服審判所に提出された答弁書の副本が審査請求人に送られてきます。答弁書には，審査請求書に記載された審査請求人の主張に対する原処分庁の主張や原処分の根拠等が記載されています。

2　反論書等の提出

　この答弁書に記載された原処分庁の主張に対して審査請求人から反論がある場合には，審査請求人の主張を記載した反論書を担当審判官に対して提出することができます。また，審査請求人は自己の主張した事実の存在を証明するための証拠を提出することができます。
　反論書や証拠を提出する場合において，担当審判官が相当の期間で提出期限を定めた場合には，その期限までに提出しなければならないものとされています（通則法95条）。

3　提出した反論書の取扱い

　審査請求人から反論書が提出されると，その写しが原処分庁に送付されます。
　原処分庁は，この反論書に対して意見がある場合には，「意見書」を提出します。国税不服審判所は，原処分庁から「意見書」が提出されると，その写しを審査請求人に送付します。

4　審査請求の調査・審理の手順

　審査請求の可否は法の解釈と適用によって判断されます。

　法の適用は法令の条文の意味するところを明らかにし，証拠によって事実を認定し，その法的効果を判断します。

　そこで，担当審判官は，審査請求人の主張，原処分庁の主張を，「法令の条文の意味内容」，「法令の条文の定める要件に該当する事実の存否」，「存在すると主張されている事実が法令の条文の定める要件に該当するか否か」という観点から整理し，課税処分あるいは徴収処分の適法性についての審査請求人と原処分庁の主張の相違点（争点）を明らかにします。

　審査請求人が法律に詳しくない場合でも，法令の条文の解釈及び適用（あてはめ）は最終的には判断者である国税不服審判所長の責任で行うべきものと考えられています。

　審査請求人と原処分庁の主張を整理（争点整理）した結果，「事実の存否」に争いがある場合には，証拠によってその事実の存否を判断します。

　したがって，争点を整理した結果，事実の存否が争いになっている場合には，自らが存在すると主張している事実が，実際に存在することを証明する証拠を提出する必要があります。

　このように，「法令の解釈」，「事実の存否」，「法令の適用の有無」について検討し，最終的に原処分の適否を判断することになります。

5　証拠の提出

(1)　**証拠とは**

　証拠とは，証明しようとする事実が存在することをうかがわせるようなものです。契約書や帳簿等の文書はその記載内容が証拠となりますし，その物理的な形状や筆跡や印影も証拠となります。

　人が，過去に体験した事実を話した内容を書面にしたものも証拠となります。

(2) 証拠の提出

審査請求人は，自己が存在すると主張する事実を証明するために証拠を提出することができますが，担当審判官が提出をすべき相当の期間を定めたときは，その期間内にこれを提出しなければならない（通則法95条）とされています。

なお，提出された証拠は，原処分庁に交付したり，閲覧させたりしないこととされています。この点で，証拠の取扱いは，審査請求書や反論書の取扱いとは異なっています。

(3) 改正法による変更点

現行の国税通則法は，「審査請求人は，担当審判官に対し，原処分庁から提出された書類その他の物件の閲覧を求めることができる。」と規定しているので（96条2項），証拠の閲覧ができるのは審査請求人に限られ，原処分庁は証拠の閲覧を求めることができないと解されています。

改正法では審査請求人，参加人，原処分庁を「審理関係人」と定義したうえで（92条の2），「審理関係人」に証拠の閲覧・写しの交付を認めることとしています。したがって，改正法では，審査請求人が提出した証拠を原処分庁が閲覧し又はその写しの交付を受けることができることになりました。

6 実際に反論する

(1) 反論書の提出，証拠の提出

原処分庁が答弁書や意見書に記載した原処分の根拠についての主張に反論したい場合には，審査請求人の主張を記載した書面（反論書）を提出することができます（この場合は1部で構いません。）。

また，原処分庁の答弁書や意見書に対して証拠を提出することもできます。

(2) **反論書を実際に書く**

　反論書には，原処分庁が主張している「法令の解釈」，「事実」，「適用（あてはめ）」のどの部分についての反論なのかが明らかになるように記載する必要があります。

　この場合に，担当審判官に既に主張した事項については，繰り返し主張する必要はありません。

　また，審査請求人の主張に対して，その主張の内容を確認するために，「回答書の提出について」という書面により，その内容の説明（釈明）を求められることがあります。

　書面の作成が不得手な場合には，担当審判官に申し出て，口頭で主張の内容を説明し，担当審判官等に審査請求人の主張を書面にしてもらうことも行われています。

(3) **反論書等の補足・訂正**

　反論書や回答書を提出したのちに，その内容に記載誤り，記載漏れがあったときは，担当審判官に，訂正事項を記載した書面を提出することができます。

(4) **反論書提出の時期**

　反論書の提出に時期的な制限はなく，新たに主張したい事項がある場合には，裁決書謄本が発送されるまでであれば，随時，審査請求人の主張を記載した「反論書」を提出することができますが，担当審判官は，審査請求人の主張を反論書を見て把握し，それに基づいて判断をすることになりますので，できるだけ早い時期に提出すべきでしょう。

7　担当審判官に直接話をする

(1) **請求人面談**

　担当審判官は，通常，審査請求人となるべく早い時期に面談し，請求人の主

張を確認します。

このとき，担当審判官は，審査請求人の主張を正確に理解するために，審査請求人から，審査請求書に記載された主張や主張を裏付ける証拠に関して説明を受けます。

また，担当審判官から，補充的な主張や証拠の提出を促されることもあります。

(2) 請求人面談の準備

担当審判官と面談する際には，審査請求人が国税不服審判所に提出した書類の控えや原処分庁から受領した書類のほか，自らの主張を裏付ける証拠を用意しておくとよいでしょう。

また，面談の際に，審査請求人のそれまでの主張を補充する主張を記載した書面や審査請求人の経験した事実を聴取しその内容を記載した書面を担当審判官が作成し，審査請求人の署名押印を求められることもあるので，印鑑を用意したほうがよいでしょう。

(3) 口頭意見陳述

主張したい内容を書面で十分に表現できない場合に，担当審判官に対して口頭により意見を述べることが法令により認められています（通則法101条1項，84条1項）。

口頭意見陳述をする場合には，事前に担当審判官に「口頭意見陳述の申立書」を提出します。

口頭意見陳述では，担当審判官又はその指示を受けた職員が，審査請求人の陳述を聴取し，その要点を記録した書面を作成します。この記録に誤りがないか審査請求人に確認を求め，審査請求人の主張としてまとめます。

口頭意見陳述の回数に制限はありませんが，意見陳述の内容がすでにされた口頭意見陳述の繰返しに過ぎないような場合には，再度の口頭意見陳述が認められない場合があります。

口頭意見陳述の内容を記録した書面に署名押印を求められることもありますので，口頭意見陳述の際には，印鑑を持参したほうがよいでしょう。

口頭意見陳述の申立書

```
                                        平成　　年　　月　　日

____　国税不服審判所
 担当審判官 _____　殿


                    審査請求人
                      （住所・所在地）
                    _____
                      （氏名・名称）                    印
                    _____
                      （法人の場合、代表者の住所）
                    _____
                      （法人の場合、代表者の氏名）        印
                    _____

                    代　理　人（又は参加人）
                      （住所・所在地）
                    _____
                      （氏名・名称）                    印
                    _____


             口　頭　意　見　陳　述　の　申　立　書

　平成　　年　　月　　日に収受された審査請求について、口頭で意見を述べる機会を
設けるよう申し立てます。




                                              付表6号様式
```

(注) 1　代理人が提出する場合は、審査請求人の「印」は必要がありません。
　　　2　国税通則法第109条に規定する参加人が口頭意見陳述の申立てをする場合は、審査請求人の「印」は必要ありません。

(4) 口頭意見陳述の際の補佐人

　補佐人とは，審査請求人に付き添って口頭意見陳述の期日に出頭し，その陳述を補佐する者をいいます。

　審査請求人は，担当審判官の許可を得て，補佐人とともに出頭することができます。

第2章　実際の審査請求手続

補佐人帯同申請書

平成　年　月　日

＿＿＿＿＿国税不服審判所
担当審判官＿＿＿＿＿＿＿＿＿殿

　　　　　　　　　　審査請求人
　　　　　　　　　　　（住所・所在地）

　　　　　　　　　　　（氏名・名称）　　　　　　　㊞

　　　　　　　　　　　（法人の場合、代表者の住所）

　　　　　　　　　　　（法人の場合、代表者の氏名）　㊞

　　　　　　　　　　代　理　人（又は参加人）
　　　　　　　　　　　（住所・所在地）

　　　　　　　　　　　（氏名・名称）　　　　　　　㊞

補　佐　人　帯　同　申　請　書

　平成　年　月　日の口頭意見陳述の際に、下記の理由から、下記の者を補佐人として帯同したいので申請します。

記

補佐人（住　　所）
　　　　＿＿＿＿＿＿＿＿＿＿＿＿＿＿＿＿＿＿＿＿＿＿

　　　（氏　　名）
　　　　＿＿＿＿＿＿＿＿＿＿＿＿＿＿＿＿

　　　（電話番号）
　　　　＿＿＿＿＿＿＿＿＿＿＿＿＿＿＿＿＿＿＿＿＿＿

　　　（理　　由）
　　　　＿＿＿＿＿＿＿＿＿＿＿＿＿＿＿＿＿＿＿＿＿＿
　　　　＿＿＿＿＿＿＿＿＿＿＿＿＿＿＿＿＿＿＿＿＿＿

付表5号様式

(注)　1　複数の補佐人を帯同する場合には「別紙」を作成の上、添付してください。
　　　2　代理人が提出する場合は、審査請求人の「印」は必要がありません。
　　　3　国税通則法第109条に規定する参加人が上記の申請をする場合は、審査請求人の「印」は必要ありません。

(5) 改正法による口頭意見陳述の変更点

　現行の国税通則法は，国税審判官は，審査請求人から口頭意見陳述の申立てがあったときは，その機会を与えなければならないこととしていますが，口頭意見陳述に紛争の相手方当事者である原処分庁が同席することは規定していません。この点，改正法は，口頭意見陳述における全ての審理関係人（審査請求人，参加人及び原処分庁）の招集及び審査請求人の原処分庁に対する質問権を規定しています（改正通則法95条の2第2項）。これは対審的な審理構造を導入することにより，審査請求人の手続保障の充実を図ろうとするものです。

　原処分庁に対する質問についての応答義務は規定されていませんが，これは，全ての審理関係人を招集して審理を行う趣旨に鑑みて，質問に対して原処分庁が適切に応答すべきことは当然であることから，あえて応答義務を規定する必要はないとの趣旨です（行政不服審査制度の見直し方針11頁）。

8　担当審判官等が行う具体的な調査・審理（内容の検討）

　審査請求事件の担当審判官等は，課税処分や徴収処分が適法であるために法律上要求されている要件に関して，審査請求人及び原処分庁の主張の相違点（争点）について判断をするわけですが，その際に必要があるときは証拠を収集するために質問・検査をしたり，帳簿書類等の提出を求めたりします。

　担当審判官等は，争点を中心に，事実関係・法律関係を明確にするための検討をします。

　争点，特に事実の存否について，担当審判官等が正しい判断をするためには，審査請求人と原処分庁の双方から積極的に証拠が提出される必要がありますが，提出された証拠のみでは事実の存否の判断に十分でない場合もあります。

　その場合に，担当審判官等は必要があると判断したときは，審査請求人の申立てにより，又は職権で調査を行います。具体的には，次の行為を行います。

　① 審査請求人，原処分庁，関係人，その他の参考人に質問すること
　② ①の者の帳簿書類その他の物件について，その所有者，所持者若しくは

保管者に対し，その物件の提出を求め，又はこれらの者が提出した物件を留め置くこと
③ ①の者の帳簿書類その他の物件を検査すること
④ 鑑定人に鑑定させること

調査は，担当審判官のほか，国税審判官，国税副審判官，その他の国税不服審判所の職員が行います。

担当審判官等の審査請求を担当する職員の氏名，所属，役割等は，書面により通知されることになっていますので，その書面により，調査を担当する職員を確認することができます。

審理するための質問，検査等をすることの申立書

平成　年　月　日

＿＿＿＿＿　国税不服審判所
担当審判官 ＿＿＿＿＿＿＿＿＿＿　殿

　　　　　　　　　　　　　審査請求人
　　　　　　　　　　　　　　（住所・所在地）
　　　　　　　　　　　　　　＿＿＿＿＿＿＿＿＿＿＿＿＿＿＿
　　　　　　　　　　　　　　（氏名・名称）
　　　　　　　　　　　　　　　　　　　　　　　　　　　　印
　　　　　　　　　　　　　　＿＿＿＿＿＿＿＿＿＿＿＿＿＿＿
　　　　　　　　　　　　　　（法人の場合、代表者の住所）
　　　　　　　　　　　　　　＿＿＿＿＿＿＿＿＿＿＿＿＿＿＿
　　　　　　　　　　　　　　（法人の場合、代表者の氏名）
　　　　　　　　　　　　　　　　　　　　　　　　　　　　印
　　　　　　　　　　　　　　＿＿＿＿＿＿＿＿＿＿＿＿＿＿＿
　　　　　　　　　代　理　人（又は参加人）
　　　　　　　　　　　　　　（住所・所在地）
　　　　　　　　　　　　　　＿＿＿＿＿＿＿＿＿＿＿＿＿＿＿
　　　　　　　　　　　　　　（氏名・名称）
　　　　　　　　　　　　　　　　　　　　　　　　　　　　印
　　　　　　　　　　　　　　＿＿＿＿＿＿＿＿＿＿＿＿＿＿＿

審理するための質問、検査等をすることの申立書

　国税通則法第97条第1項第1号ないし第4号に掲げる行為のうち、下記の行為を実施するよう申し立てます。

記

実施を求める行為（具体的な内容を記入する。）

付表4号様式

（注）1　代理人が提出する場合は、審査請求人の「印」は必要がありません。
　　　2　国税通則法第109条に規定する参加人が質問、検査等の申立をする場合は、審査請求人の「印」は必要ありません。

9　担当審判官等が行う調査の性格

　原処分庁の職員が原処分に先行して行った調査は，納税者の申告内容をその基礎になった書類等で確認し，その申告内容に誤りがあれば是正を求めるためのものです。

　これに対して，担当審判官等の国税不服審判所の職員が行う調査は，争点について，原処分が適法であるか否かを判断するために行うものです。

　国税不服審判所の職員が行う調査は，原処分庁の職員が行う調査とはその目的を異にするものです。

10　担当審判官等が行った調査結果の取扱い

　審査請求人から提出された審査請求書及び反論書は，証拠とは異なり，証拠によって証明される対象である主張ですので，その主張についての意見を求めるために，原処分庁に審査請求書の副本や反論書の写しが交付されます。

　これらの取扱いとは異なり，審査請求人が提出した証拠や国税不服審判所が職権で収集した証拠を原処分庁に交付したり，その内容を伝えたりすることはありません。

　改正法では，審査請求人，参加人，原処分庁を「審理関係人」と定義したうえで（92条の2），「審理関係人」に証拠の閲覧・写しの交付を認めることとしています。したがって，改正法施行後は，審査請求人が提出した証拠を原処分庁が閲覧し又はその写しの交付を受けることができるようになります。

　さらに，改正法では，担当審判官が職権で収集した証拠についても，審理関係人（審査請求人，参加人，原処分庁）は閲覧及び謄写を請求することができることになりました。

11　争点整理

(1)　争点整理

　争点とは，原処分庁が納税者に対して行った課税処分又は徴収処分が適法であるための要件についての，審査請求人・原処分庁間の主張の相違点をいい，法令の解釈あるいは適用に関するもの，事実の存否に関するものに分けられます。

　審査請求を担当する担当審判官及び参加審判官は，審査請求人と原処分庁の双方から法律の解釈・適用についての主張及び事実の存否についての主張を聞き，これを整理した上で，その相違点（争点）について判断をすることになります。

　審査請求の審理は，この争点についての判断を中心に行われますので，どんなに双方の主張の対立が激しく，また双方ともに熱心に主張している対立点であっても，課税処分や徴収処分が適法であるか否かの判断に関係のない主張は，審査請求の審理の対象にはならないこととされています。

　担当審判官は，審査請求書，答弁書，反論書，意見書などの書面や直接の面談により，審査請求人と原処分庁の双方の主張を整理し，審査請求における争点が何であるかを確認します。これを「争点整理」と呼んでいます。

(2)　争点の確認表

　審査請求について適正で迅速な判断をするためには，担当審判官が，審査請求人と原処分庁のそれぞれの主張を正確に理解することが必要です。

　そのために，多くの場合に，担当審判官は，審査請求人及び原処分庁から提出された書面に記載された主張を整理し，①争われている原処分，②争点，③争点についての審査請求人及び原処分庁の主張，等を簡潔に整理し「争点の確認表」という書面にまとめて，審査請求人と原処分庁に送付しています。

(3) 審査請求人の主張が担当審判官に正確に伝わっていない場合の対応

　「争点の確認表」に審査請求人の主張が正確に表現されていない場合には，担当審判官にその旨を連絡し（電話でもかまいません），審査請求人の主張の内容を正確に伝えればよいでしょう。

　その場合に，それまでの主張とは異なる新たな主張をし，あるいは，それまでの主張に追加して新たな事実の主張をするような場合には，別途，反論書にその主張を記載して担当審判官に提出する必要があります。

　すなわち，「争点の確認表」は審査請求人と原処分庁の主張についての担当審判官の理解を，審査請求人と原処分庁に確認するための書面であり，審査請求人と原処分庁の主張は，審査請求人については反論書（審査請求書），原処分庁については意見書（答弁書）に記載して担当審判官に提出しなければ，担当審判官に対して主張したものとは取り扱われないということです。

　裁決書を受け取ってから，担当審判官に主張したと思っていたのに，主張したものと扱われていないということにもなりかねませんので，注意をする必要があるでしょう。

(4) 苦情や注文の窓口

　国税庁，国税局又は税務署に対しては，処分に対する不服申立てだけでなく，職員の応対や調査の仕方など税務行政全般について，納税者から不満や注文，批判，困りごとの相談などが寄せられることがあります。

　各国税局等では，このような納税者のさまざまな苦情等に正面から対応することが，納税者の理解と信頼を得るためには不可欠であると考え，平成13年7月から，納税者支援調整官を各国税局のほか，主要税務署に派遣配置し，納税者の権利，利益に影響を及ぼす処分に係る苦情について対応しています。

12　審理の状況・予定表

　担当審判官は，審査請求人と連絡や面談をしてから3か月以上間隔が空いて

しまう場合には，少なくとも3か月ごとに「審理の状況・予定表」を審査請求人に送付し，審査請求の進行状況等を知らせています。

「審理の状況・予定表」には，答弁書などの書類の提出状況，争点，調査・審理の状況，今後の予定等が記載されています。これにより，審査請求人は審査請求の進行状況等を把握することができます。

図表2-3　審理の状況のイメージ

13　証拠の閲覧

(1)　閲覧できる証拠

審査請求がされると，課税処分等を行った原処分庁から答弁書のほかに原処分庁の主張の根拠となる証拠が国税不服審判所に提出されます。

審査請求人が原処分庁の主張を知りそれに対する反論書を提出し証拠の提出ができるように，審査請求人は原処分庁が国税不服審判所に任意に提出した証拠の閲覧を求めることができます（閲覧請求）。

閲覧請求によって閲覧できるのは，原処分庁が自らの主張を証明するために任意に提出した証拠で，第三者の利害を害するおそれがないものです。

(2) 閲覧できない証拠

　証拠の閲覧は，国税通則法96条の規定に基づいており，同条は原処分庁が任意に担当審判官に提出した証拠に関する規定であり，したがって，審査請求人に法律によって認められた権利としての証拠の閲覧は，国税通則法96条に基づいて原処分庁が担当審判官に提出した証拠に限られると解されています。

　担当審判官等が審理を行うために必要であるとして行う調査は，国税通則法97条に基づいて行われ，同条には閲覧請求についての規定がないので，担当審判官等が審理を行うために必要があるとして行う調査によって収集した証拠については，審査請求人に法律によって認められた権利としての閲覧はできないものと考えられています。

(3) 閲覧手続

　閲覧請求をするには，担当審判官に対して「閲覧請求書」を提出します。

閲覧請求書

平成　年　月　日

_____ 国税不服審判所
　担当審判官 _____ 殿

　　　　　　　　　　　審査請求人
　　　　　　　　　　　　　（住所・所在地）
　　　　　　　　　　　　　_____
　　　　　　　　　　　　（氏名・名称）
　　　　　　　　　　　　　_____　㊞

　　　　　　　　　　　　（法人の場合、代表者の住所）
　　　　　　　　　　　　　_____

　　　　　　　　　　　　（法人の場合、代表者の氏名）
　　　　　　　　　　　　　_____　㊞

　　　　　　　　　　　代　理　人（又は参加人）
　　　　　　　　　　　　　（住所・所在地）
　　　　　　　　　　　　　_____
　　　　　　　　　　　　（氏名・名称）
　　　　　　　　　　　　　_____　㊞

閲　覧　請　求　書

原処分庁から提出された書類、その他の物件の閲覧を請求します。

付表3号様式

（注）1　代理人が提出する場合は、審査請求人の「印」は必要がありません。
　　　2　国税通則法第109条に規定する参加人が閲覧請求をする場合は、審査請求人の「印」は必要ありません。

(4) 実際の閲覧

「閲覧申請書」が提出された後，審査請求人と日程等を調整のうえで，担当審判官から，証拠の閲覧日時，場所等が書面で通知されますので，その通知内容に従い閲覧をすることになります。

なお，この際，この閲覧の制度が国税通則法96条に規定されており，同条には「閲覧」と規定され，「閲覧」には「謄写」は含まれないと解されているので，コピーをとることはできないこととされています。したがって，内容を記録する場合には，筆写などをすることになります。

(5) 改正法による変更

改正法においては，証拠の閲覧は，原処分庁が担当審判官に提出した証拠に限らず，担当審判官等が審理を行うために必要があるとして行う調査によって収集した証拠についてもできるようになりました。

また，改正法においては，証拠の閲覧に加えて謄写を請求することもできることとされています。

14　審査請求の取下げ

審査請求人は，裁決があるまでは，いつでも書面により審査請求を取り下げることができます。

審査請求を取り下げることのできるのは，審査請求人本人あるいは取下げについて特別の委任を受けた代理人に限られており，総代又は取下げについて特別の委任を受けていない代理人はできないことになっています。

なお，代理人によって審査請求の取下げを行う場合には，取下げの委任を受けたことを証する書面を提出する必要があります（通則法107条3項）。

審査請求の取下書

平成　年　月　日

国税不服審判所長　殿

　　　　　　　　　　　審査請求人
　　　　　　　　　　　　（住所・所在地）
　　　　　　　　　　　―――――――――――――――――
　　　　　　　　　　　　（氏名・名称）
　　　　　　　　　　　―――――――――――――――――㊞

　　　　　　　　　　　　（法人の場合、代表者の住所）
　　　　　　　　　　　―――――――――――――――――
　　　　　　　　　　　　（法人の場合、代表者の氏名）
　　　　　　　　　　　―――――――――――――――――㊞

　　　　　　　　　　代　理　人
　　　　　　　　　　　　（住所・所在地）
　　　　　　　　　　　―――――――――――――――――
　　　　　　　　　　　　（氏名・名称）
　　　　　　　　　　　―――――――――――――――――㊞

審　査　請　求　の　取　下　書

　　　平成　年　月　日に収受された下記の審査請求を取り下げます。

記

審査請求

(1) 原　処　分

(2) 審査請求書収受年月日　　平成　　年　　月　　日

付表１５号様式

（注）代理人が取下書を提出する場合には、国税通則法第１０７条第２項に規定する「特別の委任」（付表１３号様式別紙３「代理人に特別の委任をした旨の届出書」の提出）が必要となります。

第3節 合議，議決，裁決

1 合議

　審査請求についての調査・審理は，担当審判官及び参加審判官（通常2名）で構成される合議体を中心に進められます。
　合議とは，合議体の構成員（担当審判官と参加審判官）が集まり，審査請求人及び原処分庁の主張と証拠について議論・検討することをいいます。
　合議では，正しい結論に到達することを目的として審理を尽くします。当初合議，中間合議，最終合議と数回にわたって行われます。
　当初合議は，納税者に対して課税上（又は徴収上）の処分をするための法律上の要件，法律上の要件に当たるとされる事実の存否，具体的な事実が法律上の要件に該当するか否かについての審査請求人・原処分庁間の主張の相違点（争点）を整理し，どのような調査をするかを決定するために行われます。
　中間合議は，調査・審理の進行状況に応じて，適宜行われます。
　最終合議は，争点についての調査・審理が尽くされた段階で行われる合議であり，裁決の基礎となるものです。

2 議決

　担当審判官と参加審判官で構成する合議体は，審査請求事件の調査・審理を行い，事実についての争点については証拠により事実を認定し，法律解釈に関する争点については解釈を示し，法律を適用して判断を示します。
　議決とは，審査請求について，合議体においてその構成員の過半数の意見によって決定された結論をいい，裁決の基礎になります。
　担当審判官は，調査・審理を尽くした後，最終合議を開催し，審査請求についての判断を合議体の各構成員に諮ります。

3 裁　決

　裁決は，合議体の議決に基づいて，国税不服審判所長が行います。
　合議体の議決後，文書審査等（法規・審査）を行い，その後に，国税不服審判所長が裁決を行います。

4 法規・審査

　「法規・審査」とは，担当審判官及び参加審判官で構成される合議体が行った議決について，文書審査等を行うことをいいます。

図表 2-4　法規・審査のイメージ

5 裁決とはどういうものか

　裁決とは，原処分についての審査請求に対する，国税不服審判所長の示す判断です。
　審査請求の調査・審理は，担当審判官と参加審判官（通常 2 名）で構成される合議体によって行われ，調査・審理が終了すると，合議体は合議を行い審査請求について議決をします。この議決は，担当審判官及び参加審判官の過半数の意見によって結論を出します。
　国税不服審判所長は，合議体の行った議決に基づいて，審査請求の全部又は

一部が認められるときは，原処分の全部又は一部の「取消し」又は「変更」の裁決を行い，審査請求が認められないときは「棄却」の裁決を行います。

　この場合，原処分を審査請求人の不利益になるように変更する裁決はできないこととされています（通則法98条2項）。

　裁決の内容を記載した裁決書謄本は，審査請求人及び原処分庁に送付されます。

　原処分を取消し又は変更する裁決があると，その裁決自体の効力により，原処分は当然に取り消され，又は変更されます。

　「裁決は，関係行政庁を拘束する。」（通則法102条1項）こととされています。

　原処分が裁決によって取り消され，又は変更された場合において，税務署長等は，当該裁決に示された国税不服審判所長の判断を尊重しなければならず，更正処分の取消しの裁決があった後に，当該裁決で排斥された根拠と同じ根拠で再度更正処分をすることはできません。

　ただし，裁決で排斥された根拠以外の根拠に基づいて再度更正処分をすることまで禁止するものではありません。

　課税処分等の全部又は一部を取り消す裁決があった場合には，原処分庁は，その判断に不服がある場合であっても，裁判所に訴えを提起してその判断を争うことはできません。

　他方，審査請求人は，「棄却」又は審査請求の一部のみを認める裁決があった後に，なお不服がある場合には，裁決があったことを知った日の翌日から6か月以内に，地方裁判所に原処分（裁決で原処分の一部が取り消された場合には，裁決で取り消された後に残った部分の原処分になります。）の取消しを求める訴訟を提起することができます。

図表 2-5　裁決の種類及び内容

種　類	内　　　　容
全部取消し	審査請求人が原処分の全部の取消しを求める場合において，その請求の全部が認められたもの
一部取消し	審査請求人が原処分の全部の取消しを求める場合において，その請求の一部が認められたもの，又は審査請求人が原処分の一部の取消しを求める場合において，その請求の全部又は一部が認められたもの
棄　却	審査請求人が原処分の取消し又は変更を求める場合において，その請求が認められなかったもの
却　下	審査請求が法定の期間経過後にされたとき，国税の法律に基づく処分に該当しないもの（延滞税のお知らせなど）を審査請求の対象としているとき，審査請求に前置されるべき異議申立てが法定の期間経過後にされたことにより却下されているときなど，不適法な審査請求である場合に，審理の対象として取り上げられなかったもの

(注)　裁決の種類としては，上表以外に「変更（審査請求人が原処分の変更を求める場合において，その請求の全部又は一部が認められたもの）」があります。例えば，耐用年数の短縮に関する処分に対し，耐用年数を変更する場合があります。
出典：国税不服審判所ホームページ

6　裁決後の審査請求人の手続（訴訟の提起）

国税不服審判所長の裁決があった後の処分になお不服がある場合は，裁決があったことを知った日の翌日から6か月以内に，地方裁判所に対し，訴訟を提起することができます。

提起する訴訟の種類は，不服の内容に従い次の2つに分かれます。

(1)　処分の取消しを求める訴え（課税処分等の違法を訴えるもの）

国（国を代表する者は法務大臣です。）を被告として，税務署長等がした課税処分又は徴収処分が違法であることを理由に，処分の取消しを求める訴えを提起することができます。

(2) **裁決の取消しを求める訴え（裁決の違法を訴えるもの）**

　国（国を代表する者は法務大臣です。）を被告として，裁決に手続上の瑕疵があるなど，裁決固有の違法を理由に，裁決の取消しを求める訴えを提起することができます。この場合，上記(1)の税務署長等がした課税処分等の違法を理由として裁決の取消しを求めることはできません。

(注)　審査請求をした日の翌日から起算して3か月を経過しても裁決がないときも，上記(1)の国を被告とする処分の取消しを求める訴えを提起することができます。

第3章
審査請求についてのQ&A

Q1 国税不服審判所とはどのような機関か？

ANSWER

　国税不服審判所は，納税者の正当な権利利益を救済すること及び税務行政の適正な運営を確保することを目的とした国税庁の特別の機関です。

　国税の賦課や徴収を行う税務署や国税局などの執行機関と審査請求人との間に立ち，公正な第三者的な立場で裁決を行います。

　国税不服審判所長は，国税庁長官通達に示された法令解釈通達に拘束されることなく裁決をすることができます。

　国税不服審判所には，審理の中立性・公平性を確保し，専門的知識・経験を活用する観点から，国税職員のほかに，裁判官，検察官，弁護士，税理士，公認会計士が国税審判官として登用されています。

　なお，国税不服審判所は，「国税に関する法律に基づく処分についての不服」がある場合に認められている「審査請求」に対する裁決を行う機関ですので，「国税に関する法律に基づく処分についての不服」に当たらない，税務職員の応対や税務行政全般に対する不満，注文，批判，困りごと等については審査請求の対象にはならないこととされています。

図表 3-1　国税不服審判所の特色

争点主義的運営

　国税不服審判所は，審査請求人と原処分庁の双方から事実関係や主張を聞き，争点に主眼を置いた調査・審理を行っています。

公正な審理

◆　国税不服審判所長が行う審査請求に対する裁決は，それぞれ独立した立場にある3名以上の国税審判官等（担当審判官及び参加審判官）で構成する合議体の議決に基づいて行われます。
◆　国税不服審判所長や東京支部，大阪支部の長である首席国税審判官などの主要な役職に，裁判官や検察官の職にあった者を任用しています。
　　また，国税審判官には，弁護士や税理士等の職にあった民間の専門家も任用しています。

裁決は行政部内の最終判断

　裁決は，行政部内における最終判断となります。したがって，原処分庁は，裁決の内容を不服として訴訟を提起することはできません。
　また，裁決は，原処分庁が行った処分より審査請求人にとって不利益となることはありません。

国税庁長官通達に拘束されません

　国税不服審判所長は，国税庁長官通達に示された法令解釈に拘束されることなく裁決をすることができます。
　なお，国税庁長官通達に示された法令解釈と異なる解釈により裁決をする場合や，他の国税に係る処分を行う際における法令解釈の重要な先例となると認められる裁決を行う場合は，あらかじめ国税庁長官に意見を通知することとされ，その後の手続は以下の図のとおりです。

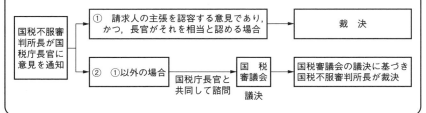

出典：国税不服審判所ホームページ

第3章 審査請求についてのQ&A

Q2 具体的に不服申立ての対象になる処分，不服申立ての対象にならない処分にはどのようなものがあるか？

ANSWER

① 不服申立ての対象となる処分

　国税通則法の不服申立ての対象となる処分とは，国税に関する法律に基づき税務署長等が行う処分で，具体的には次のようなものがあります。

(1) 税務署長等によるもの
　① 課税標準等又は税額等に関する更正又は決定
　② 更正の請求に対するその一部を認める更正又は更正をすべき理由がない旨の通知
　③ 納税の告知
　④ 国税の滞納処分
　⑤ 減価償却期間の短縮申請を拒否する行為等税法上の各種の申請を拒否する行為

(2) 税務署長等以外によるもの
　① 登録免許税法の規定による登記機関の登録免許税額等の認定処分
　② 自動車重量税法の規定による国土交通大臣等の自動車重量税額の認定処分

② 不服申立ての対象とならない処分

　税務署長等が行う処分であっても，不服申立ての対象とならないものもあります。

(1) 国税通則法76条の規定によるもの

　国税通則法第76条では，不服申立てができない処分として国税通則法第8章第1節の規定による処分，行政不服審査法の規定による処分，国税通則法75条の規定による不服申立てについて行った処分及び国税犯則取締法等に基づく処分をあげています。

　具体例をあげると，次のような処分がこれに当たります。

　ア　国税通則法第8章第1節の規定による処分
　　① 補正要求
　　② 異議申立てについての決定
　　③ 補佐人帯同の不許可
　　④ 異議申立事案の移送の申立てについて認容しない決定
　　⑤ 審査請求についての裁決
　　⑥ 閲覧請求の不許可
　　⑦ 不服申立ての対象となった処分に係る国税の徴収の猶予又は滞納処分の続行停止の申立てについて認容しない決定
　　⑧ 担保の提供に伴い，不服申立ての対象となった処分に係る国税につき差押えをしないこと又は差押えを解除することを求めた場合における認容しない決定
　　⑨ 不服申立ての対象となった処分に係る国税の徴収の猶予又は滞納処分の続行停止の取消し
　　⑩ 不服申立人の地位の承継の不許可
　　⑪ 総代の互選命令
　　⑫ 不服申立てへの参加の不許可
　イ　行政不服審査法の規定による処分
　　① 事実行為についての審査請求に対する裁決
　　② 不作為についての不服申立てに対する決定若しくは裁決
　ウ　国税通則法75条の規定による不服申立てについてした処分
　　① 災害による不服申立期限の延長申請に対する期日の指定

②　被相続人の不服申立てに関する書類を受領することについての代表者の指定
　エ　国税犯則取締法等に基づく処分
　　国税犯則取締法の規定に基づき，国税庁長官，国税局長，税務署長，収税官吏，税関長，税関職員又は徴税吏員が行う処分（例えば，通告処分）

(2)　**不服申立ての利益がないもの**

　不服申立ては，単に処分が存在しこれに不服があるというだけではなく，その処分によって自己の権利又は法律上の利益が侵害されている場合に限ってできることとされています。

　すなわち，行政庁の処分によって自己の権利又は法律上の利益が侵害されている場合には，不服申立ての利益があり不服申立てをすることができますが，侵害されていない場合には不服申立ての利益がなく不服申立てはできないことになります。

　例えば，納税額を減額する更正（更正の請求に対するその一部を認める更正を除く）は，納税者の不利益となる処分ではありませんので不服申立てはできないことになります。

(3)　**国税に関する法律に基づかないもの**

　国税通則法の不服申立ての対象となる国税には，国が課する税のうち関税，とん税及び特別とん税は含まれません。

　したがって，税関長が行う関税に係る処分は，国税通則法に基づく不服申立ての対象とはなりません。

　なお，税関長が行う消費税の更正処分，決定処分及び滞納処分は，国税に関する法律に基づく「税関長がした処分」に当たりますので，これらの処分については国税通則法の不服申立ての対象となります。

Q3 不服申立てができる者とはどのような者か?

ANSWER

　不服申立てができる者は,国税に関する法律に基づく処分によって直接自己の権利又は法律上の利益を侵害された者であることを要件としていますので,処分を直接受けた者だけでなく,例えば,抵当権を設定している財産が著しく低い額で公売されることによって債権の回収ができなくなる抵当権者のように,第三者であっても,その権利又は法律上の利益が害された場合には,不服申立てをすることができます。

Q4 異議申立てを経ないで審査請求ができる場合とはどういう場合か?

ANSWER

　国税に関する法律に基づき税務署長等が行った更正や決定などの課税処分,差押えなどの滞納処分等に不服があるときは,原則として,まず,これらの処分を行った税務署長等に対して「異議申立て」を行い,その異議申立てに対する決定(異議決定)があった後の処分に,なお不服があるときは,国税不服審判所長に対して「審査請求」をすることができることとされています。
　これに対して,次のような場合には,国税不服審判所長に対して直接「審査請求」をすることができます。
　この場合の審査請求書の提出期間は,原則として,処分があったことを知った日(処分に係る通知を受けた場合には,その受けた日)の翌日から起算して2か月以内です。

第3章　審査請求についてのQ&A

①　不服申立人の選択により直接審査請求をすることができるもの

(1) **国税局長のした処分に不服があるとき**

　国税局長のした処分としては，次のようなものがあります。

① 国税局長が必要と認める場合に，税務署長からその徴収の引継ぎ又は滞納処分の引継ぎを受けて行う国税の徴収処分
② 納税地指定
③ 災害等による期限延長の期日の指定
④ 特別な償却率による償却の方法についての処分
⑤ 耐用年数の短縮についての処分

(注) 国税局の職員（調査部，課税部資料調査課等）の調査に基づき税務署長が行った処分については，「国税局長のした処分」ではないので，選択により直接審査請求ができる処分には該当せず，原則として国税局長に対して「異議申立て」をすることになります。

(2) **税務署長のした所得税又は法人税の青色申告書に係る更正に不服があるとき**

　所得税における青色申告の対象は，不動産所得，事業所得及び山林所得に限られていますので，直接審査請求できるのは，これら青色申告の対象となる所得について更正処分があった場合に限られます。

　したがって，青色申告の対象とならない譲渡所得等のみに係る更正処分に不服がある場合には，まず，異議申立てをする必要があります。

　青色申告の承認取消処分，青色申告承認取消後の更正処分に不服がある場合には，まず，異議申立てをする必要があります。

(3) **処分をした税務署長又は税関長が，その処分について異議申立てをすることができることを教示しなかったとき**

②　国税通則法の規定により直接審査請求をすることとされているもの

　これは国税庁，国税局，税務署及び税関以外の行政機関の長又はその職員がした処分に不服があるときです。

例えば、登録免許税法の規定による登記機関の登録免許税額の認定処分や自動車重量税法の規定による国土交通大臣等の自動車重量税額の認定処分などがあります。

③ 異議申立て後、3か月を経過しても異議決定がない場合の審査請求

異議申立てをした日の翌日から起算して3か月を経過しても異議決定がないときは、異議決定を経ないで国税不服審判所長に審査請求をすることができます。この場合、異議申立ては取り下げられたものとみなされます（通則法110条2項3号）。

④ みなす審査請求

次のような場合には、税務署長等に対して行われた「異議申立て」が国税不服審判所長に対する「審査請求」とみなされ、国税不服審判所で調査及び審理をします。

(1) 合意によるみなす審査請求

例えば、青色申告法人が認定賞与に係る更正処分とその認定賞与に対する源泉所得税の納税告知処分を受け、更正処分についてはその選択により直接審査請求を行い、納税告知処分については異議申立てを行うことがありますが、この審査請求と異議申立てはその基本的な事実関係、証拠関係を一にするものです。

このような場合に、その異議申立てを受理した税務署長等が、その異議申立てを審査請求として取り扱うことを適当と認めて、その旨を異議申立人に通知し、かつ、異議申立人がこれに同意したときは、その同意があった日に国税不服審判所長に対して審査請求がされたものとみなされます（通則法89条）。

(2) 他の審査請求に伴うみなす審査請求

例えば、更正処分の審査請求が係属中に、当該更正処分と同一年分、同一国

税の課税標準等又は税額等について再更正処分がされ，その再更正処分について異議申立てが行われると，審査請求と異議申立てとが併存することになります。

このような場合に，その異議申立てを受理した税務署長等は，その異議申立書等を国税不服審判所長に送付することとされており（通則法90条1項），その送付がされた日に国税不服審判所長に対して審査請求がされたものとみなされます（通則法90条3項）。

(3) 改正法による変更

原則として，まず，「異議申立て」を行い，その異議申立てに対する決定（異議決定）があった後の処分に，なお不服があるときに，国税不服審判所長に対して「審査請求」をすることができるとする現行の制度は，改正法により変更され，税務署長等の行った処分に不服がある場合には，納税者の選択により，直接審査請求をすることができることになりました。

Q5 調査・審理の留保とはどういうことか？

ANSWER

審査請求の対象となった原処分が，査察事件，行政訴訟事件あるいは民事事件等に密接に関係するものについては，次の理由により，調査・審理を一時見合わせることがあります。

① 原処分庁及び審査請求人の双方に関係書類が存在しない場合
② 原処分の適否について，当事者間の紛争が現に裁判所に係属している等の事情がある場合

Q6 審査請求の対象は「原処分」なのか「異議決定」なのか？

ANSWER

　国税通則法75条3項は，異議決定を経た後の処分になお不服があるときは，国税不服審判所長に対して審査請求ができることとしています。この場合の審査請求の対象は「原処分」となります。

　「異議決定」は，国税通則法76条1号で不服申立ての対象とすることができない処分とされています。

　異議申立てを棄却する異議決定を審査請求の対象とすると，審査請求で異議決定の取消しをしても，異議決定がなされる前の状態に戻るだけで，原処分は依然として存在することになります。不服申立てにおいて，不服申立てをする人の最終的な目的は，不服である原処分を取り消してもらうことなので，審査請求においてもその対象をあくまで原処分としたものです。「原処分主義」という考え方です。

　取消しを求める処分として「異議決定」と記載された審査請求書が提出された場合には，書類の上では審査請求の対象にはならない処分について審査請求を求める審査請求書ということになりますが，実務上は，審査請求人の真意を確認し，「原処分」の取消しを求めるのだということであれば，審査請求の対象を，取消しを求める原処分とするよう補正を求めるという対応をしているようです。

　この補正の求めに対して，あくまで「異議決定」の取消しを求めるということで，補正に応じない場合には，不服申立ての対象とすることができない処分についての不適法な審査請求ということで，却下の裁決が出されることになります。

Q7 異議申立てが「却下」されても審査請求はできるのか？

ANSWER

　審査請求をすることができます。異議決定が「却下」の場合でも，異議決定書には審査請求をすることができる旨の教示がなされます。

　異議申立ての適否が，審査請求の適否にどのような影響を与えるかについて整理すると，次のとおりになります。

① 異議申立てが不適法で，異議決定が却下であるときは，審査請求も不適法となり却下されます。異議申立前置主義に違背するからです。

② 異議申立てが不適法であるにもかかわらず，それを看過し，本案すなわち事案の内容について，調査し，決定で棄却された場合には，審査請求は不適法として却下されます（昭和53年1月26日鳥取地裁判決，訟務月報24巻3号705頁）。異議申立ての適否の判断を審査請求に係らしめており，異議決定の主文の態様は関係ないからであるとされています。

③ 異議申立てが本来適法であるにもかかわらず，誤って不適法として却下の異議決定がなされた場合，審査請求は適法となります（昭和36年7月21日最高裁第二小法廷，民集15巻7号1966頁）。異議申立ての適否の判断を審査請求に係らしめており，異議決定の主文の態様に関係ないからであるとされています。

④ 異議申立てが本来不適法であるにもかかわらず，異議審理庁がそれを看過し，本案について調査し，原処分の一部を取り消した場合，一部取消し後の処分に係る審査請求は，不適法として却下されるとされています。

Q8 直接,訴訟を提起することはできないのか?

ANSWER

国税に関する法律に基づく処分の取消しを求める訴訟を提起するには,原則として,不服申立てについての決定又は裁決を経なければならず,直接訴訟を提起することはできません(通則法115条)。

なお,次の場合には,例外的に不服申立てについての決定又は裁決を経なくても訴訟を提起することができます。

① 異議申立て(国税庁長官に対してなされたもの)又は審査請求がなされた日の翌日から起算して3か月を経過しても決定又は裁決がないとき
② 更正決定等の取消しを求める訴えを提起した者が,その訴訟の係属している間に当該更正決定等に係る国税の課税標準等又は税額等についてされた他の更正決定等の取消しを求めようとするとき
③ 異議申立てについての決定又は審査請求についての裁決を経ることにより生ずる著しい損害を避けるため緊急の必要があるとき,その他その決定又は裁決を経ないことにつき正当な理由があるとき

Q9 更正の請求に対する「一部又は全部に理由がないとした処分」でも,不服申立てできるのか?

ANSWER

税務署長等は,更正の請求があった場合には,その請求に係る課税標準等又は税額等について調査を行い,その調査に基づいて更正の請求の全部又は一部を認容する減額更正を行い,更正すべき理由がない場合には,その旨を通知することとされています。

この場合,一部を認容する減額更正又は更正すべき理由がない旨の通知は,

いずれも納税者に不利益な「処分」に該当しますので不服申立ての対象となります。

原則として，異議申立てをすることになりますが，青色申告書に係る更正の場合には，直接審査請求をすることができます（改正法では，異議申立ては納税者の選択になります。）。

Q10 「破産手続開始の決定」，「更生手続開始の決定」又は「民事再生手続開始の決定」があった場合の不服申立てはどうなるのか？

ANSWER

破産法に基づく破産手続開始の決定に伴い破産管財人が選任されたとき，会社更生法に基づく更生手続開始の決定に伴い管財人が選任されたとき，又は民事再生法に基づく民事再生手続開始の決定に伴い管財人が選任されたときは，これらの者が不服申立てを行うことができます。

なお，会社更生法72条4項の規定により，更生会社の事業の経営並びに財産の管理及び処分をする権利が当該更生会社の機関に付与されたときは，それ以降にされる審査請求においては当該更生会社が不服申立てをすることができます。

また，破産手続開始の決定があった場合でも，破産財団に関しないものについては，破産者が不服申立てをすることができます。

Q11 審査請求人が死亡した場合はどうなるのか？

ANSWER

審査請求人が死亡したときは，相続人（包括受遺者を含む）が審査請求人の

地位を承継することとされています（通則法106条1項）。

　したがって，地位を承継した相続人が審査請求を取り下げない限り，審査請求事件の調査・審理は継続されることになります。

　審査請求人の地位を承継した相続人は，戸籍謄本を添えて，権利を承継した旨を国税不服審判所長に，書面で届け出なければならないことになっています（通則法106条3項）。

　また，相続人が2人以上あるときは，各相続人が不服申立人の地位を承継しますが，この場合には，書類を受領する代表者をその相続人のうちから指定することができます。

第3章 審査請求についてのQ&A

審査請求人の地位承継及び総代選任の届出書

平成　年　月　日

国税不服審判所長　殿

審査請求人の地位承継及び総代選任の届出書

　下記1の審査請求について、下記2の者が下記3により、審査請求人の地位を承継したので届け出ます。
　また、下記4の者を総代として選任したので届け出ます。

記

1　審査請求
　(1)　審査請求人
　　　（住　所・所在地）＿＿＿＿＿＿＿＿＿＿＿＿＿＿＿＿＿＿＿＿＿
　　　（氏　名・名　称）＿＿＿＿＿＿＿＿＿＿＿＿＿＿＿＿＿＿＿＿＿
　(2)　原　処　分

　(3)　審査請求書収受年月日　　平成　　　年　　　月　　　日

2　地位を承継した者
　　　（住　所・所在地）＿＿＿＿＿＿＿＿＿＿＿＿＿＿＿＿＿＿＿＿＿

　　　（氏　名・名　称）＿＿＿＿＿＿＿＿＿＿＿＿＿＿㊞　（続柄：　　）

　（法人の場合、代表者の住所）＿＿＿＿＿＿＿＿＿＿＿＿＿＿＿＿＿＿＿

　（法人の場合、代表者の氏名）＿＿＿＿＿＿＿＿＿＿＿＿＿＿㊞

　　　電話番号（連絡先等）
　　（注）複数の方が地位を承継した場合は、「別紙1」を作成の上、添付してください。

3　承継原因（添付書類）
　(1)　国税通則法第106条第1項（相続）による。　（添付書類：戸籍謄本）
　　　　（平成　　　年　　　月　　　日死亡）

　(2)　国税通則法第106条第2項（合併等）による。　（添付書類：登記事項証明書）

4　総　　代
　　　（住　所・所在地）＿＿＿＿＿＿＿＿＿＿＿＿＿＿＿＿＿＿＿＿＿
　　　（氏　名・名　称）＿＿＿＿＿＿＿＿＿＿＿＿＿＿＿＿＿＿＿＿＿
　（注1）総代を複数選任する場合には、「別紙2」を作成の上、添付してください。
　（注2）合併等による承継の場合には、上記4「総代」の記載は必要ありません。

付表12号様式

Q12 審査請求を行っている法人が合併した場合はどうなるのか？

ANSWER

　審査請求を行っている法人が合併したときは，合併後存続する法人又は合併により設立された法人が，審査請求人の地位を承継することとされています（通則法106条2項）。

　したがって，地位を承継した法人が審査請求を取り下げない限り，審査請求事件の調査・審理は継続されることとなります。

　合併により審査請求人の地位を承継した合併法人は，合併の事実を証する商業登記簿謄本を添えて，国税不服審判所長に対して合併した旨を書面で届け出なければならないこととされています（通則法106条3項）。

Q13 審査請求書を郵送等（注1）した場合，提出した日はいつになるのか？

ANSWER

　その郵便物等（注2）の通信日付により表示された日に提出があったものとみなされます。

　郵送等により審査請求書が提出された場合には，その郵便物等が実際に審判所に到達した日ではなく，その郵便物等の通信日付印により表示された日（その表示がないとき，又はその表示が明瞭でないときは，その郵便物等について通常要する送付日数を基準とした場合にその日に相当するものと認められる日）にその提出があったものとみなされます。

　すなわち，審査請求書を郵便又は信書便を利用し，国税不服審判所に送付する場合，その郵便物又は信書便物の通信日付印により表示された日を提出日と

みなすこととなりますが，それ以外の場合には，国税不服審判所に到達した日が提出日となります。

ただし，不動産についての公売公告から売却決定までの処分及び換価代金等の配当処分について審査請求を行う場合の審査請求書については，上記の定めは適用されず，その郵便物等が実際に審判所等に到達した日となります。

(注1) 郵送等とは，郵送又は民間事業者による信書の送達に関する法律2条6項（定義）に規定する一般信書便事業者若しくは同条9項に規定する特定信書便事業者による同条2項に規定する信書便による送付をいいます。
(注2) 郵便物等とは，郵便物又は民間事業者による信書の送達に関する法律2条3項（定義）に規定する信書便物をいいます。
　※　審査請求書や審査請求に係る申請書・届出書は「信書」に当たることから，これらを国税不服審判所に送付する場合には，「郵便物」（第一種郵便物）又は「信書便物」として送付する必要があり，郵便物・信書便物以外の荷物扱いで送付することはできません。
　※　郵政公社の民営化に伴う郵便法の改正により，平成19年10月1日以降，郵便物は，第一種郵便物，第二種郵便物，第三種郵便物及び第四種郵便物のみとなり，それまでの小包郵便物は，郵便法の定める郵便物ではなくなりました。

Q14　審査請求書の提出後に住所が変更になった場合の手続は？

ANSWER

審査請求書の提出後に住所が変更になった場合で，その変更が管轄する国税不服審判所の支部を異にするものである場合には，原則として，変更後の住所を管轄する国税不服審判所の支部に審査請求事件が移送され，そこで調査・審理及び裁決が行われます。

事件を移送する場合には，書面で審査請求人にも通知されます。

裁決の直前に住所が異動をした場合には，審査請求事件を移送せず引き続き異動前の住所を管轄する国税不服審判所の支部において審理することもあります。

なお，国税の徴収に関する処分及び滞納処分については，移送を行わず，審

査請求書を提出した国税不服審判所の支部で引き続き審理します。

いずれにしても，住所を異動した場合には，速やかに国税不服審判所に申し出る必要があります。

Q15　却下の裁決になるのはどのような場合か？

― ANSWER

審査請求の適法性について審査した結果，法定の期間経過後にされた審査請求であるなど適法な審査請求でないときには，国税不服審判所長は，原処分の内容の審理をすることなく「却下」の裁決を行い，これを裁決書謄本により審査請求人に通知します。

審査請求が却下されるのは，次のような場合です。

① 審査請求の対象となった処分が審査請求できないものであるとき。

　例えば，その審査請求が，異議決定の取消しを求めるものであるとき。

② 審査請求の対象となった処分が存在しないとき。

　例えば，審査請求の対象とした処分がはじめから存在しないとき。

　なお，審査請求の対象とした処分が，審査請求後，裁決前に消滅したときも，後発的に審査請求の対象となった処分が存在しないこととなりますので，却下の裁決がされます。

③ 審査請求の対象となった処分が審査請求人の権利又は法律上の利益を侵害するものでないとき。

　例えば，納税額を減少する更正処分（更正の請求についてその一部を認める更正処分を除く）を対象とする審査請求であるとき。

④ 審査請求の対象となった処分について，すでに国税不服審判所長の裁決がされているとき。

⑤ 正当な理由がないにもかかわらず異議申立てをしないで審査請求をしたとき（改正法で変更になります。）。

⑥ 審査請求の前置としての異議申立てが不適法であるとき（改正法で変更になります。）。

例えば、異議申立てが法定の異議申立期間経過後になされたことを理由として却下の異議決定を受けたものについて、審査請求をしたとき。
⑦ 審査請求が法定の審査請求期間経過後にされたとき。
⑧ 不適法な審査請求について相当の期間を定めて補正要求がされた場合において、当該期間内に補正されなかったとき。

Q16 審査請求の審理の範囲は？

ANSWER

① 総額主義と争点主義

「総額主義」、「争点主義」は、いろいろな意味で用いられていますが、通常は「審査請求における審理の範囲の理論上の問題」として論じられており、総額主義は原処分に係る課税標準、税額が審理の対象であるとするのに対し、争点主義は原処分の理由との関係における税額が審理の対象であるという意味で用いられています。

しかしながら、元来は、「総額主義」、「争点主義」という用語は、シャウプ勧告によって創設された協議団が審査請求を審理するにあたって、多数係属する事件の効率的な調査審理の一方式として使用したようです。すなわち、審理はすべて「見直し調査」をして原処分の額のすべてに及ぶとするものを「総額主義」と呼び、当事者双方の主張の相違点（争点）及び争点と密接な関連をもつ事項（争点関連事項）に主眼をおいて効率的に調査審理をするという考え方を「争点主義」と呼んで、協議団の時代には、もっぱら、事務処理促進の見地から部内の事務処理の運営上、争点主義による運営が要請されていました。

そして、国税通則法の一部改正に伴い協議団に代わって国税不服審判所が創

設されましたが、その法案決議の際、国会で「政府は国税不服審判所の運営に当たっては、その使命が納税者の権利救済にあることに則り、総額主義に偏ることなく、争点主義の精神を生かし、その趣旨徹底に遺憾なきを期すべきである」との付帯決議が行われました。国税不服審判所は、この付帯決議の趣旨に沿って、請求人の権利救済の見地から「争点主義」によって運営することをその運営の基本方針として、明らかにしました。

このように、「総額主義」、「争点主義」は、当初は調査・審理の運営上の問題として使われたものですが、その後、税務争訟の訴訟物についての論争が盛んになるとともに、「総額主義」、「争点主義」の問題は理論上の問題として論じられるようになりました。

② 総額主義か争点主義か？

審査請求における審理の範囲については、総額主義と争点主義の対立があります。

金子宏教授は争点主義を採用されています。総額主義は手続的保障原則との関係で疑問があるし、課税処分は遅かれ早かれ原処分庁によって理由が附記される（通則法84条）のであり、理由の差替えを自由に認めるのは理由を附記しないで行う処分と結果的に同じであるから、理由附記を要求した法の趣旨を失わせるという理由からです。

これに対して、南博方教授、松沢智教授は総額主義を採用され、学説の大勢のようです。その根拠は、審査請求に対する審理については、旧民事訴訟法186条の「裁判所ハ当事者ノ申立テザル事項ニ付判決ヲ為スコトヲ得ズ」（現行民事訴訟法246条）のような明文の規定がないこと、国税不服審判所の主導により証拠を収集するなど職権主義の下においては調査審理が審査請求人の申立事項ないし争点事項を超えたとしても何ら違法ではないこと、争点事項を調査審理する過程でたまたま新しい事実が判明した場合とか、審査請求人の主張、証拠の提出によっても事実が明らかでないときは総額について調査することがむしろ必要であると考えられることなどを理由としています。

この総額主義は白色申告に対する課税処分に限定し，理由附記が法律で要求されている青色申告の場合には一定の制約ないし主張が制約されるとする見解があります（最高裁昭和56年7月14日判決）。

③ 判例はどうなっているか？

東京地裁昭和45年2月20日判決（行裁例集21巻2号258頁）は，「昭和25年に改正された法人税法による審査手続においては，審査請求の対象となった処分の当否のみを判断すべきものであることは原告会社主張のとおりであるが，右の審査制度は職権主義を採用し，その審査の範囲は審査請求の理由に拘束されることなく，当該審査請求の対象となった処分の当否を判断するに必要な全般に及ぶと解するのを相当とするから，原処分と異なる理由によって審査請求を棄却することができることはいうまでもない」と判示しています。

その控訴審判決（東京高裁昭和48年3月14日判決・行裁例集24巻3号115頁）は，更にこれを敷衍して次のとおり判示しています。すなわち，「審査決定理由によれば，被控訴人（国税局長）は，控訴会社の審査請求についてその主張する理由以外の理由に基づいて判断していることが認められる。昭和25年に改正された法人税法の審査手続においては，従前の覆審的に新たに課税標準を決定しうる趣旨の規定を改めて，審査請求の対象となった処分の当否のみを判断することになったのであるが，右手続には訴訟における如く弁論主義が適用されず，職権主義が採用され，したがって審査の範囲は，審査請求の理由に拘束されることなく，また職権で審査請求人の提出しない証拠を取り調べることもできるのであって，当該審査請求の対象となった処分の当否を判断するに必要な範囲全般に及ぶものと解すべきである。本件についていえば控訴会社の審査請求の対象は，当該事業年度の課税標準および法人税額についての更正処分の当否であって，その審査の範囲は，更正の理由のみに限定されるものでもない。更正処分の段階において見逃されていた新たな事実についても審査できるし，またその理由に基づいて処分の当否の判断ができるのである。そしてかく解したからといって，審査請求が国民の権利利益の救済を図るもので

あるという制度趣旨にもとるものとはいえない。」と判示し，他の多数の下級審の判断と同様に総額主義の立場をとっています。

また，最高裁昭和49年4月18日判決（訟務月報20巻11号175頁）は，「審査請求の範囲は，総所得金額に対する課税の当否を判断するに必要な事項全般に及ぶものというべきであり，したがって，本件審査裁決が総所得金額を構成する給与所得の金額を新たに認定してこれを考慮の上審査請求を棄却したことには，所論の違法があるとはいえない。」と判示し，審査請求に関する審理の範囲について，正面から総額主義によるべきことを明らかにしました。

したがって，判例上は総額主義の立場で確定しているといってよいと思われます。

④ 争点主義的運営

国税不服審判所における審査請求に対する審理の範囲については，判例・学説ともに理論的には総額主義の立場を採っているといえます。

しかしながら，国税不服審判所においては，創設の際の国会の付帯決議の趣旨（国税不服審判所が納税者の権利救済機関であることに鑑み，同審判所の審理は総額主義に偏することなく，争点主義の精神を生かす）に沿って，運営の基本方針として争点主義によることを明らかにしています。

すなわち，国税不服審判所の内部的手続規範である審査事務提要には次のように規定しています。事件処理に当たっての心構えとして「(2)納税者の権利救済機関であることに鑑み，審査手続上の諸権利を尊重するとともに，その運用に当たっては，総額主義に偏することなく争点主義の精神を生かし，審査請求人等が十分にその主張を尽くしうるよう配慮すること。(3)審査手続における質問検査は，審査請求人の正当な権利利益の救済のためのものであって，新たな脱税事実発見のためのものでないことを銘記し，濫用にわたらないよう慎重を期すること。」と，また，実質審理の範囲について，「実質審理は，審査請求人の申立てに係る原処分について，その全体の当否を判断するために行うものであるが，その実施に当たっては，審査請求人及び原処分庁双方の主張により明

らかとなった争点に主眼を置いて効率的に行うものとする。」と定め，理論上は総額主義を基調としつつ，運営上は争点主義を採用することを明らかにしています。

そして，運営を争点主義で行うという意味は，国税不服審判所においては，争点（審査請求人と原処分庁との主張の相違）及び争点関連事項について調査・審理を行い，争点外事項については，原則として新たな調査は行わず，原処分の当否（適否）の審理（判断）は，原処分庁及び審査請求人から提出された証拠資料と国税不服審判所で収集した右争点についての調査資料とに基づいて行う，ということです。

⑤ 争点主義的運営の限界

国税不服審判所における審査請求に対する判断は，当然のことながら，法律判断すなわち，審査請求人及び原処分庁が行う，要件事実の存否についての主張，法令の解釈・適法についての主張の当否の判断であり，争点主義的運営は，審査請求人及び原処分庁の双方が要件事実の存否についての主張，法令の解釈・適法についての主張を行い争点が明らかになることを前提としています。

したがって，審査請求人及び原処分庁の一方あるいは双方が要件事実の存否についての主張，法令の解釈・適法についての主張を行わない場合には，争点が明らかにならないので，当然のことながら，争点主義的運営はその前提を欠き，できないことになります。

Q17 審査請求の訴訟物は何か？

ANSWER

① 訴訟物とは？

「訴訟物」という概念は，判決の主文で判断すべき事項の最小基本単位，又

はその単位によって識別区分された具体的事項を指すものであり，訴訟における審理の対象となる範囲を画する機能を有しています。

「訴訟物」は，訴訟法上の概念ですが，実体法上の権利利益等の影響を受けるものです。行政処分である更正処分についていえば，租税法規の解釈上1個の更正処分であれば，訴訟物は1個であるのが原則です。

② 通　説

更正処分の取消訴訟の訴訟物は，他の行政処分の取消訴訟の訴訟物と同様，当該更正処分の違法性一般であるとされています。

ここで違法性一般とは，特定の具体的な違法をいうものではないという意味以上のものではなく，特定の更正処分について，これが取り消されるべきであるとの納税者の主張が訴訟物であるということを言っているにすぎません。

更正処分の取消訴訟の審理は，納税者が更正処分を，主体，名宛人，主文（税額等），発出日付等により特定したうえで，その取消しを求めれば足り，これによって訴訟物は特定し，訴訟は開始します。

納税者の側で，違法事由，取消事由といったものを主張しなければならないとはされていません。これに対して，課税庁は，抗弁として，当該更正処分が実体的要件及び手続的要件（適法要件）をすべて具備していることを具体的に主張し，納税者が争うという形で進行します。この抗弁として主張される具体的な適法要件の存否が，実際の訴訟の審理の対象となります。

そうすると，訴訟物は，当該更正処分について課税庁に主張することの許される適法要件の範囲ということもできます。この範囲は，当該更正処分そのものを適法とし得る範囲，すなわち，当該更正処分の同一性を害さない範囲ということができます。

訴訟における処分理由の主張は，更正処分の同一性に規制されるだけであって，訴訟物による独自の規制はないといってよいということになります。

③ その他の見解

　課税庁の所得額の認定方法の合理性が訴訟物として審理の対象となるとする見解があります（白石「税務訴訟の特質」税理7巻12号8頁，東京地裁昭和38年10月30日判決，行裁例集14巻10号1766頁）。この見解によると，「認定方法の合理性を審理の対象とするから，処分時の処分理由と同一性を欠く処分理由を主張することは許されず，処分理由を二転，三転することは，そのこと自体認定方法の不合理性を示すもので，当該更正を違法ならしめる」とします。

　この見解は，更正の適法要件をいかに捉えるかの見解であって，訴訟物を違法性一般とする点を必ずしも動かすものではないと思われます。そして，その適法要件の把握の仕方については，行政手続，行政過程の審理に目を向けるものであり，行政訴訟全般のあり方や推計課税についての理解に関わりますが，裁量性の強い処分であればともかく，羈束性の強い更正処分についてこのような考え方をとることには疑問が呈されています。

　審理の対象は，納税者が主張する具体的違法事由であるとする見解があります（杉本「裁判の今日的課題—行政事件訴訟」判例時報465号6頁）。この主張のためには，課税庁において処分理由を明らかにしている場合は別として，処分当時又は訴訟前に処分理由が明らかにされていない場合は，訴訟において，まず課税庁が処分理由を開示しなければならず，その処分理由に基づいて，納税者が具体的違法事由を特定することになります。課税庁の処分理由は，納税者が具体的違法事由を主張するための前提をなすものであり，処分理由の開示は本案前の手続ともいうべきものであります。この開示された処分理由（必ずしも処分時の処分理由と一致するものではない）を変更することは許されません。

　この見解は，訴訟において，争点を早期に確定し，その迅速審理を図ろうとする実践的意図に基づく見解です。

④ 判　例

　最高裁の判決は、いわゆる白色申告に係る更正処分に関しては、処分理由の主張を処分時の処分理由に限られないとの見解（すなわち、処分理由の差替えを肯定する見解）に立ち、確立した判例です。最高裁第二小法廷・昭和36年12月1日判決（最高裁判所裁判集民事57号17頁）は、「その処分がその後の資料によって客観的に正当であれば、右更正を違法とすることはできない」とし、最高裁第三小法廷・昭和42年9月12日判決（最高裁判所裁判集民事88号387頁）は、「更正…では考慮されなかった事実を、処分を正当とする理由として、訴訟の過程に至って新たに主張することの可能であることも、原判示のとおりである」とし、最高裁第一小法廷・昭和49年4月18日判決（訟務月報20巻11号175頁）は、「本件審査裁決が右総所得金額を構成する所論給与所得の金額を新たに認定してこれを考慮のうえ審査請求を棄却したことには、所論の違法はない」とし、最高裁第一小法廷・昭和50年6月12日判決（訟務月報21巻7号1547頁）は、「いわゆる白色申告に対する更正処分の取消訴訟において、右処分の正当性を維持する理由として、更正の段階において考慮されなかった事実を新たに主張することも許されると解するのが相当である」としています。

　なお、この最高裁第一小法廷昭和49年4月18日判決は、「本件決定処分の取消訴訟の訴訟物は、右総所得金額に対する課税の違法一般である」としています。

　下級審の裁判例も、これに従っています。

Q18　審査請求における審判の対象は何か？

ANSWER

　審査請求における「審判の対象」は、当該原処分の当否、換言すると当該処分の違法性と不当性の存否です。したがって、原処分に法規違反の事実が認め

られ，あるいは，当該処分に不当であると客観的に考えられる事由がある場合には，その処分は取り消すべき処分ということになります。

① 実体的違法

　実体的違法とは，課税処分の実体上の適法要件の充足を欠くことをいいますが，実体上の適法要件とは，納税義務ないし租税債務が成立するために必要な要件であり，一般に課税権者，納税義務者，課税物件，課税物件の帰属，課税標準及び税率があげられます。

　現実の審査請求においては，課税標準及び税率を適用して算出される税額が過大であるとの主張が審査請求人によって行われます。

　このように所得金額及び税額が争われる場合には，処分が違法であるか否かは，審査請求人の客観的な所得金額及び税額を上回っているか否かによって判断されます（通説）。

　このため，通常は，処分の違法性を判断するためには，審査請求人の客観的な真実の所得金額を明らかにする必要があります。

　こうして，審判所の審理は審査請求人の所得金額の総額に及びますが，調査の範囲については，納税者の権利救済機関としての本質から，争点主義的運営が行われています。

　ここでいう「争点」とは，課税要件事実についての審査請求人・原処分庁間の主張の食い違いであり，実体的違法が争われている場合でも，それが実額課税についての争いか，推計課税に関する争いかによって争点の捉え方に多少の相違があります。

　それは，実額課税及び推計課税の課税要件事実（主要事実）をどう考えるかの違いによるものです。

(1) **実額課税の場合**

　実額課税における主要事実についての考え方は次のとおりですが，②が通説と思われます。

① 課税標準である所得金額のみが主要事実であり，他の事実は間接事実にすぎないとする説（特別経費は主要事実ではないとした大阪地裁昭和50年1月29日判決・訟務月報21巻4号857頁）
② 所得金額の算出に必要な個々の所得発生原因事実が主要事実であるとする説（泉等「租税訴訟の審理について」129頁，佐藤繁・新・実務民事訴訟講座10・67頁）
③ 収入金額及び必要経費がそれぞれ主要事実であるとする説（松沢・租税争訟法138頁。この説においても，争点は，個々の課税要件事実の存否に関する主張と捉えているので②の説と実質的には同じといってよいと思われる）

したがって，実額課税においては，個々の所得発生原因事実の存否が当事者間で問題とされるため，争点主義的運営によくなじむものということができます。

(2) 推計課税の場合

推計課税の主要事実については，推計の合理性（推計方法の合理性，基礎資料の正確性及び当該納税者への適用の合理性，を基礎付ける事実）が主要事実であるとする説（泉等「租税訴訟の審理について」130頁，佐藤繁・新・実務民事訴訟講座10・68頁）が通説であるといってよいでしょう。

推計課税は，実額課税により得ない場合—推計の必要性が認められる場合—に，やむを得ず，次善の方法として経験則に基づく推計計算により所得の近似値を求めるもので，その所得金額の多寡を争う場合には，推計課税全体として合理性を有しているか否かが問題となるのであって，推計内容の個々の部分だけを取り上げてその適否を論ずることは意味がないと考えられます。

したがって，推計の必要性を争う場合（手続的違法）は別として，推計課税による所得金額が争われる場合は，推計課税の合理性全体が争われていると解すべきでしょう。

この場合，実額課税と異なり，争点は推計課税全体の合理性であるので，争

点主義的運営といっても，推計課税の合理性全体が争点ということになります。

② 手続的違法

課税処分の違法のうち，実体的違法を除いた残りの部分，すなわち，処分の主体，方式，手続等，抽象的納税義務を具体的納税義務として確定させるための手続上の要件についての違法を手続的違法といいます。

手続的違法原因事実について審査請求人が具体的に主張する場合には，当該事実の存否が争点になりますが，審理の過程で当事者の争点になっていない手続的違法事由の存在が明らかになった場合にも，原処分には手続的違法があるとして原処分を取り消すべきであろうと思われます。審判所の審査は，原処分の適否を判断するのに必要な事項全般に及ぶものであり，しかも手続的違法の場合には，審査請求人にとって有利な事項と考えられるので，職権主義（職権探知・職権証拠調）を基調としても差し支えないと考えられるからです。

ただし，争点主義的運営との関係からすると，審査請求人の主張がないのに，ことさら職権を行使して手続的違法の有無を調査することは望ましくなく，争点についての調査資料及び原処分庁から提出された関係資料の範囲内で判断すべきであろうと考えられます（松沢智・租税争訟法141頁）。

③ 税務調査手続の違法

税務調査手続の違法が手続的違法として主張されることがあります。

税務調査手続の違法が手続的違法として主張されるのは，主として調査の目的，範囲，程度，方法等に関する事項で，質問検査や反面調査の範囲，方法等，具体的には事前通知や調査理由の開示の欠如，第三者の立会権の侵害，納税者の承諾なき反面調査等の違法です。

質問検査権の範囲程度や，方法に関する実定法上の規定はありませんが，最高裁判所は，所得税法違反被告事件の判決（最高裁昭和48年7月10日判決・刑集27巻7号1205頁）において「所得税法234条1項（中略）の質問検査の範囲，程度，時期，場所等実定法上特段の定めのない実施の細目については，

右にいう質問検査の必要があり，かつ，これと相手の私的利益との衡量において社会通念上相当な限度にとどまるかぎり，権限ある税務職員の合理的な選択に委ねられているものと解すべく，（中略）実施の日時場所の事前通知，調査の理由および必要性の個別的，具体的な告知のごときも，質問検査を行なううえの法律上一律の要件とされているものではない」と判示して，質問検査権行使の基準を明確にしました。

したがって，質問検査権の行使については，必要性，納税者の私的利益との衡量及び社会的相当性という基準によってその違法性の存否を判断すべきことになるわけですが，違法性が認められた場合にも，課税処分に及ぼす影響については意見が分かれています。

① 税務調査手続の違法は課税処分の違法事由にならないとする説（東京地裁昭和48年8月8日判決・判例時報720号26頁，大阪地裁昭和59年11月30日判決・行裁例集35巻11号1906頁）

② 違法の程度が著しい場合に課税処分の違法事由になるとする説（通説）

この問題は，行政手続上の瑕疵が行政処分にどのような影響を及ぼすかという重大な問題にかかわりますが，税務調査手続に違法な点が存した場合であっても，そのことだけで直ちに当該処分に取り消されるべき瑕疵があるとはいえず，その違法の内容，程度，違法手続により収集された資料と課税処分との因果関係など諸般の事情を総合して，瑕疵の有無を判断すべきであろう（泉等「租税訴訟の審理について」90頁）と解されています。

④ 処分の不当性

(1) 行政処分と不当処分

法治主義の下では，行政権の行使も法律の拘束を受けるべきですが，複雑多様化した現代行政においては，事態に的確に対応し，自らの主体的判断で弾力的に行政権を行使しなければ，公益目的を実現しえない場合が多く，行政裁量の認められる領域が相当広くなっています。

行政裁量の範囲・程度は当該行政処分の根拠となっている行政法規の趣旨・

目的に照らして，行政庁の自主自律性，専門技術性，政策的判断をどの程度尊重すべきかの解釈いかんにかかるものと解されています。

この裁量に属する領域内の不当な処分に対して行政不服審査が認められている趣旨は，不当行政の是正とともに行政の自己反省ないし自己統制による合目的性の保証にあるといわれており，不当性の審査は，行政の適正妥当な運営確保という目的に沿って，公益性，合目的性の見地から行われることになります。

国税不服審査における不当性の判断についても同様であり，当該課税処分が，課税庁に裁量を委ねた法の趣旨・目的に照らして，公益性に反し，処分の結果を納税者に受忍させることが妥当性・合理性を欠くと認められる場合に，不当な処分ということができると思われます（松沢智・租税争訟法142頁）。

(2) 行政裁量の具体例

課税庁において，いつ，いかなる行為をなすべきかについて，法律上別段の定めや拘束のない場合，あるいは，一般に「…することができる。」と定めているような場合には，行為をするかしないか，するとしてその時期，内容をどうするのかは課税庁の比較的広い裁量に委ねられていると解されています。

(3) 通達の適用と不当性

租税法の分野においては，複雑多様で，しかも絶えず変遷してやまない経済事象に対処して，的確に課税対象を捉え，適切に課税標準を算出し，実情に即する公正公平な課税の目的を達成するため，法律命令の細則や解釈基準が通達として定められることが多くあります。

この通達は行政の統一を図る目的で，上級行政庁から下級行政庁に対し発せられるもので，直ちに納税者に対して法規範性を有するものではありませんが，現実には，通達に示された解釈に従って行政の運用が行われるのが通例です。

したがって，通達適用に関し納税者間に不平等が生じたり，通達に違反する課税が行われたりした場合には，違法とはいえないまでも，処分の不当性が問

題になると思われます。

(4) 裁量権の逸脱・濫用

　課税庁に一定の裁量権が認められる場合でも，その行使が法の認める範囲を超えたり，濫用にわたる場合には，その権限の行使は違法とされます。

　この裁量権の限界に関する基準としては，一般に次のような基準が認められています。

　① 事実誤認

　法が一定の要件の存在を前提としている場合，その前提事実を欠いたり，事実認定に合理性を欠くような場合

　② 目的違反・動機の不正

　裁量権を認めた法の目的に反し，あるいは法の許容しない動機ないし考慮に基づいて裁量権が行使された場合

　③ 条理・公平・平等・比例原則違反

　裁量権の行使が，社会通念，条理，公平，平等等の原則に照らして著しく妥当を欠くとき

　以上のように，裁量権の逸脱は，平等原則に反するような濫用の場合（通達の不平等適用もこの場合に当たります。）には，処分は違法となると解されているので，処分の不当性が問題となるのは極めて限られてくると思われます。

(5) 不当性の主要事実と立証責任

　処分の不当性が争われた場合には，処分の正当性・不当性の評価を根拠づける事実を主要事実と考えるべきであろうと思われます。

　また，処分の正当性・妥当性についての立証責任（審査請求においても，主要事実の存否が不明であるという場合があり，当事者の一方が不利益を受けることがあります。）は，違法性が争われた場合と同様，原則として原処分庁にあるということになると思われますが，原処分庁としては，処分時に考慮した諸事情について一応の主張・立証をすれば足り，審査請求人において，不当性

第3章　審査請求についてのQ&A

を基礎づける事実や特殊事情を具体的に主張・立証しない限り，当該処分は正当と判断されることになると思われます。

Q19　処分理由の主張の制約（青色更正の処分取消請求）

― ANSWER

① 学　説

白色申告に対する更正処分の取消請求については，審査請求や訴訟の段階で，原処分庁が処分時に認識していなかった収入など新たな課税の根拠を主張することにより，当初の課税処分の適法性を維持することが認められるものと解されていますが（総額主義），青色申告の場合には，更正処分に理由を付記することが法律上義務付けられていることから，原処分庁が処分の際に付記した理由以外の処分根拠を審査請求や裁判で主張できるか否かについては，説が分かれています。

(1)　否定説

否定説の見解は，①青色申告の更正処分は理由付記の枠内でのみ適法性を基礎付けられる処分である。したがって，訴訟物が処分の違法性一般である以上，処分の理由とした事実が結果として存在しない場合，当初の処分は適法要件を欠く違法なものとなる。②処分理由を異にすることにより，課税処分は別個の処分となり，訴訟物が異なる。③処分理由の差替えを認めるのは，結果的に理由を付記しないで処分を行うのを認めることと同じこととなり，理由付記を要求した趣旨，目的の意義を失わせることになることなどを根拠として，課税処分の取消しを求める審査請求，訴訟において，課税庁が，処分理由を差し換えて主張して原処分を維持することを認めません。

(2) **肯定説**

　肯定説は、①総額主義の立場から、課税処分における訴訟物は、処分の内容である課税標準である総所得金額又は税額の存否であって、付記理由は、課税処分を根拠づける理由にはなっても、その理由となった具体的事実ごとの別個独立の課税処分が行われているのではなく、付記された理由の成否が争いの対象となるものでもない、②当初の更正理由がほかの脱漏所得の免罪符になるとするならば、後に発見された仮装隠ぺい所得の額が高い、いわば悪質な納税者ほど有利な結果となり、青色申告制度の趣旨に反する、ことなどを理由に、課税処分の取消しを求める審査請求や訴訟において、課税庁は、当初の処分理由以外の根拠を自由に主張できると解しています。

(3) **基本的事実同一説**

　基本的事実同一説は、基本的には、否定説の立場に立ちながら、課税庁における処分理由の差替えを一切認めないとすれば、他の誠実な納税者との比較において、不誠実な納税者を救済し過ぎるなどを理由として、付記理由と基本的事実関係において同一性を有する範囲で課税庁に対して理由の差替えを認めます。

② 判　例

　青色更正処分取消訴訟と処分理由の差替えについて、最高裁第三小法廷昭和56年7月17日判決は、青色申告書による法人税の申告について、「不動産の取得価額が申告額より低額であることを更正の理由としてした更正処分の取消訴訟において、課税庁は、当該処分の適否に関する攻撃防御方法として、当該不動産の販売価額が申告額より多額であることを主張することが出来る。…このような場合に被上告人（課税庁）に本件追加主張の提出を許しても、右更正処分を争うにつき被処分者たる上告人に格別の不利益を与えるものではないから、一般に青色申告書による申告についてした更正処分の取消訴訟において、更正の理由とは異なるいかなる事実をも主張することができると解すべきかは

ともかく、被上告人が本件追加主張を提出することは妨げないとした原審の判断は、結論において正当として是認することが出来る」と判示しています。

③ まとめ

　処分理由の差替えの可否は、課税所得の存否という実体的違法性の問題と処分自体の手続的要件である理由付記の違法の存否の問題を分けて考える必要があるのではないかと思われます。

　課税処分の実体的要件としての所得の存在を基礎づける事実については、課税庁は青色申告、白色申告を問わず、課税処分取消請求の審査請求、訴訟において、いかなる理由をも主張できるものと解すべきであるが、右主張を認めて課税処分を維持することが、理由付記制度の趣旨目的をまったく没却する場合は、右の主張は、手続上制限されるに過ぎないと解すべきではないかと考えられます。

　理由付記の趣旨・目的をどこまで及ぼすかについて学説は一致していません。基本的課税要件事実あるいは処分理由の基礎となる事実の同一性が認められる範囲で理由の差替えを認める見解が有力のようです。

　上記の最高裁第三小法廷昭和56年7月17日判決は、理由の差替えの可否に係る一般的判断を留保したうえで、被上告人は本件追加主張を提出することを妨げないとして、結論において差替えを肯定しています。基本的課税要件事実の同一性の基準、納税者に格別の不利益を与える場合とはどういう場合か、などは今後の判断の集積によって明らかになると思われます。

Q20 要件事実論

ANSWER

① 要件事実論とは

要件事実論は法律家の基本的なスキルであり，法律の実務家は司法研修所で，徹底したトレーニングを受けています。そこで論じられているのは実体法の構造や要件の緻密な分析であり，法律の論理学といってもよいものです。このような要件事実論は，主に民事訴訟で発展してきたものであり，課税訴訟においても重要な意味を持っています。実務的な観点でいうと，事件の勝敗をも決しかねない意味を持つ場合もあります。

② 民事訴訟における要件事実論

訴訟は大きく分けると，民事訴訟と刑事訴訟に分けられます。民事訴訟と刑事訴訟の大きな違いの1つとして，弁論主義が採用されているか否かがあります。要件事実論は，主に民事訴訟で論じられていますが，それは，民事訴訟では，弁論主義が採用されているからです。要件事実論の根拠は，弁論主義にあるということもできます。要件事実論を考える前提として，弁論主義とは何かを考えることが必要です。弁論主義とは，当事者が弁論で主張しない事実は判決の基礎とすることができないという原則です。すなわち，弁論主義とは，訴訟のテーマは，当事者が「弁論」での主張という形で定立し，裁判所は，当事者が定立したこの枠内で法的な解決を図ることが求められるということです。

もっとも，訴訟のテーマは当事者が定立するといっても，すべての「事実」についての主張が当事者の主張に委ねられるわけではありません。

当事者の一方が，aという要件を満たしたときにbという法律効果が発生するという法規の適用（A：a→b）を主張している場合のaという要件に該当する具体的事実に限られます。このようなaという要件を「法律要件」といい，

このaという要件に該当する具体的事実を「要件」に該当する事実という意味で「要件事実」あるいは「主要事実」といいます。

弁論主義とは，このような主要事実について当事者の「主張」に委ねられていることを意味しています。このaという要件に該当する具体的な事実の存在を推認させるα，β・・・といった事実（間接事実）の主張や証人の性格とか，証人が当該事件と利害関係を有するか否かといった証言の信用性を判断するのに資する事実（補助事実）まで当事者の「主張」に委ねられているわけではありません。このような間接事実や補助事実は，事実認定を基礎づける事実（主要事実を認定するときに使う事実）であり，このような事実まで当事者の主張に委ねてしまうと，事実認定（主要事実の認定）について裁判所が自由な心証で判断すべきこととされている（自由心証主義）ことが無意味になってしまうので，間接事実，補助事実は当事者の主張には委ねないのです。

③ 課税訴訟における要件事実論

課税訴訟は，行政訴訟であり，行政事件訴訟法（行訴法）の下で行われます。行訴法は，民事訴訟法の特別法であり，「行政事件訴訟に関し，この法律（行訴法）に定めがない事項については，民事訴訟の例による。」と規定されています。その結果，行政訴訟においても原則として弁論主義が妥当します。

このように行政訴訟においても原則として弁論主義が適用されることから，行政訴訟においても，当事者の主張に係る「主要事実」を確定するために要件事実論が重要になるのです。

要件事実論は，このように，主要事実は何かを判断するうえで重要でありますが，主要事実の存否について真偽がいずれとも判断できない場合に，裁判所が，その点を原告と被告のいずれの不利益として扱うのかという「立証責任」の問題の対象になる事実はどの事実かを把握するためにも重要な概念です。

この意味において，要件事実論は審査請求手続においても課税訴訟におけると同様に重要です。

Q21　主張と立証

ANSWER

　租税法律関係に関する争訟である審査請求は，法の解釈適用によって解決されるべきものと考えられており，法の適用は，法令の条文を大前提とし，具体的事実を小前提として，その法的効果の有無を判断するものです。
　この手法は「法的三段論法」といわれています。
　そして具体的事実は証拠により認定されるべきものとされています。
　審査請求において，当事者である審査請求人及び原処分庁が，一定の事実及び法律関係についての自己の認識・判断を審判所に提出する行為を「主張」といいます。
　主張は，「事実上の主張」と「法律上の主張」に区分されています。「事実上の主張」とは，具体的な事実の存否に関する主張です。「法律上の主張」とは，法規の存否，内容，解釈，適用についての主張です。
　争訟手続においては，「主張」と「証拠」とは峻別されるべきものと考えられています。証拠とは主として争いのある「主張された事実」の存否を判断するために，提出，収集されるものであり，事実についての争いがあれば証拠によって認定すべきものとされます。そして，証拠を提出する行為を立証といいます。

Q22　主要事実と間接事実

ANSWER

① 課税要件

　「課税要件」とは，租税債務が発生するために必要な要件をいいます。課税

権者，納税義務者，課税物件，課税物件の帰属，課税標準及び税率からなり，これらの要件がすべて充足されたときに租税債務が成立します。

審査請求についていうと，これらの要件がすべて充足されたときに更正処分等の原処分は適法と判断されることになります。

審判所においては，審査請求の対象となっている原処分に関係する課税要件を確定します。あくまで，課税要件は税法の解釈として導き出されます。換言すれば，法令の解釈通達をそのまま所与のものとしたり，通達そのものを解釈して行われるものではありません。

課税要件が確定されると，審査請求人の主張とそれに対応する原処分庁の主張が，課税要件のどの部分にかかわるものであるかを確定します。この際，審判所が職権調査を行っても，なお，その課税要件事実の存否が不明である場合に法的不利益を受ける（この不利益を受けることを「立証責任」といいます。）側が審査請求人と原処分庁のいずれであるかを把握します。立証責任を負担している側の主張が，それを裏付ける証拠により十分な立証ができているか否かによって，当該争点についての判断が左右されるからです。

② 要件事実，主要事実

法令は，当該法令が一定の法律効果を発生させるために必要とする事実を「要件」として抽象的に規定しており，この抽象的な「要件」に該当する具体的な事実が存在する場合に，はじめて，当該法律効果の発生が認められます。

この法律効果を発生させるために必要となる抽象的な事実を「要件」，そして，その要件に該当する具体的事実を「要件事実」といいます。

この「要件事実」は，事実認定を基礎づける事実（要件事実を認定するときに使う事実）である間接事実や補助事実と対比する場合には，「主要事実」と呼ばれることもあります。

この用語については，各実体法規に規定された法的概念として類型化された事実を「要件事実」と呼び，その「要件事実」に当てはまると評価された具体的事実を「主要事実」として，「主要事実」と「要件事実」という用語を使い

分ける場合もあるようです。

③ 課税争訟における主要事実

　課税争訟において，どのような事実が主要事実であるかについては，実務の大勢は「具体的事実説」すなわち「主要事実は所得金額の算定に必要な所得発生原因事実である」（広島高裁松江支部平成5年6月30日判決）とする説によっているようです。

　課税要件事実は，相手方当事者にその存在を争うか否かを決定させるためにも，その事実を他の類似の事実から識別できるように特定し，かつ，具体的に示さなければなりません。

　所得税についていうと，課税要件は「その年において収入すべき金額があったこと」であり，これに該当する具体的事実が要件事実（＝主要事実）です。

　具体的には，「審査請求人は平成〇年〇月〇日にAに対し土地甲を代金〇〇円で売却した。」という事実が要件事実です。

　例えば，原処分庁が「事業所得の金額は〇〇円であり，譲渡所得の金額は〇〇円であるから，総所得金額は〇〇円である。」と主張したのに対して，審査請求人が，「事業所得の金額については争う。譲渡所得の金額は認める。」と主張（答弁）した場合，譲渡所得の金額は争いがないから，原処分庁はそれ以上具体的に主張する必要がないが，「事業所得の金額は〇〇円である。」との主張については，これでは単なる計算の結果にすぎないから，総収入金額と必要経費の各計算根拠までさかのぼり，それぞれ課税要件（適用条文）と審査請求人に発生した具体的事実（要件事実）のすべてを主張する必要があります。

　裁決書には，存否について争いのある課税要件事実は，各当事者の主張として具体的に記載されることになります。

④ 間接事実と補助事実

　間接事実及び補助事実の例としては，例えば，「譲渡所得の金額」は，「資産の譲渡」，「総収入金額」，「資産の取得費」，「譲渡費用」，「特別控除」の要件か

らなり，そのうち「資産の譲渡」及び「総収入金額」についてみると，これらに該当する事実（要件事実）は，例えば，「審査請求人が平成〇年〇月〇日にAに対して〇番に所在する宅地〇平方メートルを代金X円で売り渡したこと」ですが，原処分庁がこのうち代金の額について直接の立証ができない場合，売買契約締結に至る動機，経緯，周辺的状況，代金の捻出方法等を調査して，「審査請求人は，所定の代金支払期日に買主から小切手でX円を受領した。」という事実を主張し立証するとき，この事実は主要事実である「代金はX円」であるという事実を推認させるので間接事実に当たります。

また，審査請求人が，「売買契約書に記載された代金額Y円は虚偽のものであり，真実の代金額はX円である。」と主張する場合，契約書は，真実の代金額を立証するための重要な書証となりますが，一方，契約書が銀行の貸付限度額を超える融資を受けるために作成されたという事実は，この契約書の証明力を減殺又は喪失させる事実であり補助事実です。

⑤ 規範的要件

課税要件の意味内容が明確であれば，それに該当する要件事実の有無の判断は比較的容易であり，当該要件事実が認定できれば法律効果の発生を容易に肯定することができます。

しかしながら，国税通則法65条4項の規定する「正当な理由」，所得税法157条の規定する「所得税の負担を不当に減少させる結果となる」というような課税要件は，抽象的であり，どのような事実がこの課税要件に該当するのかは明確ではありません。したがって，このような要件の存否を判断するためには，要件の内容を確定するために規範的評価が必要になります。

このような場合においては，規範的評価の成立が法律効果発生の要件となっていますが，このような規範的評価が成立するためには，その成立の根拠となる具体的事実（評価根拠事実）が存在することが必要になります。

課税要件が規範的要件である場合には，その成立の根拠となる具体的事実（評価根拠事実）が要件事実（主要事実）であると解するのが一般的です。規

範的評価自体は，具体的事実が当該規範的要件に当てはまるという法的判断であり，主要事実ではないということです。

この場合，当該規範的評価の成立を妨げるような具体的な事実も存在することになりますが，そのような事実は「評価障害事実」と呼ばれています。

判断は，まず，規範的評価を成立させる評価根拠事実の存否の判断が先行し，それが肯定された場合でも，なお，評価障害事実の存否を検討し，最終的な評価を行うことになります。

Q23 事実認定，証拠

ANSWER

① 事実認定

われわれは，日常の社会生活において，自己の直接経験しなかった社会的事実について種々の情報を入手し，その情報から一定の事実が存在するものと考え，その事実の存在を前提として自己の次の行動を決定しています。

問題の事実が過去に1回限りで生起した事実である時，それについての情報とは，その事実の残した痕跡です。社会においてある事実が存在すれば，その事実はさまざまな痕跡を残すのが通常です。したがって，われわれは，現在の時点において直接知覚することができない過去の歴史的事実については，現存する種々の痕跡から経験則に従って，「このような痕跡を残した以上これこれの事実が存在したに違いない」と推論します。その推論が正しいかどうかは，そこで使用した「Aという痕跡はBという事実が存在したときに残す」という経験則が合理的なものかどうかにかかっています。そして，その推論が社会一般の通常人をして納得させられるようなもの，すなわち，その推論を自己の次の理性的行動の合理的な基礎としうるようなものであるときに，その推論によって認められる事実は存在したものと扱われます。ここで使用した痕跡が

「証拠」であり，事実の存在を推論することが「証明」です。

　争訟における事実の認定という作業も，基本的にはこれと同一の作業です。課税要件事実は，過去に生起した事実ですが，審判官が直接知覚した事実ではありません。したがって，審判官は，当事者の提供する種々の証拠，自ら収集した証拠から課税要件事実が存在すると合理的に推論できるかどうかを判断することになります。その場合，推論過程に使用するのが合理的な経験則です。

② 証　拠

　事実認定の基礎となる資料を証拠といいます。

　証拠は，人の認識・記憶に基づく事実の報告（供述）であるか否かを基準に，供述証拠と非供述証拠に区分されます。

　供述証拠は，関係人，審査請求人等の答述，申述，陳述書など人の供述を内容とする証拠です。これに対して，人の供述を内容としない，帳簿，契約書などの記載そのものが証拠として意味をもつものは非供述証拠です。土地上の建物の存在も非供述証拠です。

　供述証拠は，人の供述を内容とする証拠であり，供述者の記憶内容，性格，能力により，また，証言の場合には尋問者の発問の仕方などによって影響を受けるので，その信用性判断には注意を要すると考えられています。

　一方，非供述証拠は，その内容は客観的で明確であるようですが，立証の対象となる事実との関連でどのような証明力を持つのかという点について，供述証拠によって補完されなければなりません。

　証拠は，原則として，その証拠によって証明しようとする事実を主張する者によって提出されるべきではありますが，いったん証拠として提出されると，それは当事者のいずれの利益のためにも使われます（証拠共通の原則）。

　当事者が提出した証拠によっても心証が得られない場合に，必要に応じて，職権調査により証拠収集が行われます。

Q24 立証責任

ANSWER

① 立証責任とは

　立証責任とは，訴訟法上の概念であり，訴訟において裁判所がある事実の存否についてそのいずれとも確定できない場合（真偽不明）に，その結果として，判決において，その事実（主要事実）を要件とする自己に有利な法律効果の発生又は不発生が認められないことになる当事者の一方の危険又は不利益のことをいうとされています。

　裁判所は，事実の存否が不明な場合においても裁判を拒否することはできず，この場合には，当該事実（主要事実）について立証責任を負担している当事者に不利益な判断をすべきこととされています。このような立証責任の負担を当事者のいずれに帰属させるかが「立証責任の分配」の問題です。

　立証責任は，特定の事実については一方の当事者が負担するものであり，また，どちらの当事者が負担するかは，具体的な訴訟の経過とは無関係に，各実体法が定める法律上の要件の定め方（客観的な法規の構造）によって，抽象的かつ一義的に定まっているべきものであり，訴訟の経過によって，立証責任が変化するというものではないとされています（客観的立証責任）。

　また，立証責任は，裁判所が審理の最終段階でなお事実（主要事実）の存否について確信を抱けないときに初めて機能するものです。したがって，自由心証主義の機能の尽きたところで立証責任（客観的立証責任）が機能するといわれています。

② 主観的立証責任

　具体的な訴訟の進行過程において，証明の必要な事実について，自己に不利益な認定を避けるために必要な証拠を提出しなければならなくなる局面があり

ます（立証の現実的必要）。

その場合に，当事者は，自己に有利な事実認定を獲得するために証拠を提出することになります（現実的な必要による立証）。このような現実的必要による立証と本来の立証責任は別のものです。

一般に，本来の立証責任を客観的立証責任（実質的立証責任）といい，訴訟の進行過程で現実的必要が生じて行う立証の必要性を主観的立証責任（形式的立証責任）といって，区別しています。

③ 立証責任の分配，立証責任の転換

民事訴訟における立証責任の分配についての通説である「法律要件分類説」によれば，ある法律の規定に基づく法律効果を主張する者が，その規定の要件事実について立証責任を負うとされています。

法律の規定を①権利の発生を定める権利根拠規定，②いったん発生した権利の消滅を定める権利消滅規定，③権利根拠規定に基づく権利の発生を阻止する権利障害規定の3種類に分類し，①の要件事実は権利の存在を主張する者が，②及び③の要件事実は権利の不存在を主張する者が，それぞれ立証責任（客観的立証責任）を負うとしています。

「立証責任の転換」とは，立証責任の分配原則が例外的に修正される場合であり，法条構成の原則と例外の関係を意味します。通常の立証責任の分配に関する一般原則が立法によって修正されている場合を指します。具体的な訴訟の進行によって立証責任が移動することを意味するものではありません。

立証責任の転換は，必要のある場合に，立証責任の分配についての一般原則を修正して例外的に客観的立証責任を負担する当事者を変更するものです。立証責任の転換によって立証責任は相手方が負担することになりますが，その立証責任を負担することになった当事者の立証は，「立証責任を負担する当事者の立証」である本証であり，裁判官に確信を生ぜしめる程度の証明が必要とされます。

これに対して，「立証の必要の転換」というのは，具体的な訴訟の推移によ

って，立証の現実的必要性（主観的立証責任）が相手方に移ることをいいます。したがって，その移動によって相手方が負担することになる立証責任は主観的立証責任であるので，その当事者が客観的立証責任を負担する当事者でない場合には，その当事者が行う立証は反証（裁判官を真偽不明の状態に追い込むだけで目的を達する）ということになります。

④ 自由心証主義

自己が直接経験しない過去の事実の存否を判断する過程は，種々の証拠資料の証拠価値を吟味して取捨選択しながら，その価値の高い諸々の資料から過去の事実関係を推論する過程です。

したがって，資料の収集整理の進行につれて，その事実が存在したとの判断に近づいたり，存在しなかったとの判断に向かったりする心の揺れを経て，何か（証拠）に根拠を得て，ついにその判断を正しいと確信する状態になります。この判断を「心証」といい，確信に至る過程を「心証形成」と呼びます。

この心証形成の過程においては，種々の証拠資料の証拠価値を吟味・測定する場合にも，その資料から事実を推論する場合にも，経験則が用いられます。

この心証形成の方法については，用いることのできる証拠方法や経験則を法が特に限定せず，判断者の自由な選択に任せる方法と，証拠を限定し，事実を推認する法則を法定して判断者を拘束する方法とがあります。前者を自由心証主義，後者を証拠法定主義と呼んでいます。

自由心証の基礎として用いられるのは，調査・審理の過程で合議体が入手した全資料です。原則として，あらゆる人や物を証拠とすることができ，証拠としての価値は合議体の自由な判断に任されています。当事者の事実上の主張を真実と認めるか否かは，その自由心証に基づいて到達する具体的な確信によることになります。

自由心証による事実認定も，適法に収集した資料に基づくことが必要であるとともに，その資料をすべて斟酌しなければなりません。また，自由とはいっても，それは論理性に裏付けられたものであることを要します。論理が飛躍

し，あるいは常識的に到底不可能な推理に基づいたものであってはならないとされています。

⑤ 主張責任

訴訟においては，権利の発生，消滅という法律効果の判断に直接必要な要件事実（主要事実）は当事者の弁論に現れない限り，裁判所はこれを判決の基礎とすることはできないことになっています。要件事実が弁論に現れないために，判決において自己に有利な法律効果が認められない結果となる当事者の負担を「主張責任」といいます。

審判所においては，判断の基礎となる事実の確定は当事者のみによってなされるのではなく，職権主義を採用しているので，主張責任の概念は裁判所におけるのとは当然異なってきます。

しかし，審判所の職権探知にも限界があり，審理の基礎として，主張責任という考え方を一定程度採用すべきであろうと思われます。

⑥ 租税訴訟における立証責任

課税処分取消訴訟における適法要件事実の主張・立証責任については，収入についても経費についても，原則として，課税庁にあるというのが現在の多数説，裁判例の大勢です。

審判所における審理が職権主義であることを根拠に，審判所においては裁判所におけるような客観的立証責任の観念は不必要であるという考えもあるようですが，職権主義下の争訟手続においても，調査・審理を尽くしてなお証明すべき事実の存否が真偽不明であるという状態は生じうるので，その場合の負担をどちらの当事者に負わせるべきかという立証責任の問題は，やはり生ずるというべきであると思われます。

課税処分取消訴訟の適法要件事実の立証責任については，実務的には，概ね次のとおりです。

(1) **収入，益金**

収入，益金の立証責任は課税庁が負います。

(2) **必要経費，損金**

ア 次の理由から，必要経費，損金の立証責任は課税庁が負うとされています。

① 課税標準の前提となる所得は，収入金額（益金の額）から必要経費（損金の額）を控除した額と定められていること

② 必要経費（損金）の額が判明しなくては，所得金額も確定することができないこと

③ 課税庁が更正した以上は何らかの資料により収入金額及び必要経費の額等を把握しているはずであるから，これを明らかにすることが著しく困難であるとは考えられないこと

④ 一般に，収入（益金）を得るためには，なにがしかの経費（損金）が相伴うものであるから，必要経費の存否不明の場合に，この部分にまで課税すべきでないこと

イ ただし，納税者が経費，損金の存在を積極的に主張しない場合は，当該経費（損金）の不存在に事実上の推定が働くと考えられています。

例えば，課税庁が具体的証拠に基づき一定額の経費の存在を明らかにし，これが収入との対応上も通常一般的と認められる場合は，これを超える額の必要経費は存在しないものと事実上推定され，納税者において，経費の具体的内容を明らかにし，一定程度これを合理的に裏付ける立証をしなければ，当該推定は覆らないとするようです。

また，これまでの裁判例では特別の経費として事実上不存在と推定されたものに，貸倒損失，簿外の必要経費があります。

しかしながら，これらは一応の推定であるので，審査請求人は，具体的主張を行い，ある程度の証拠を提出すれば足りるのであって，あくまでも客観的立証責任は課税庁が負っています。

(3) 申告書の記載内容と異なる必要経費の存在

納税者が自らの責任で納付すべき税額を一応確定させるという申告納税制度の趣旨から税額の確定に関する申告書の記載内容（収入金額，必要経費の額，所得金額，算出税額）に反する納税者に有利な主張についての立証責任は，納税者が負うと解されています（最高裁昭和39年2月7日判決）。

(4) 所得控除等

法が一般原則に比し，特に恩恵的・政策的に租税を減免しているときは，その立法趣旨からも，納税者が減免事由の存在につき立証責任を負うと解されています。

したがって，所得控除，税額控除（消費税の仕入税額控除は，ここにいう税額控除とは性格が異なり，同様には考えられないと思われます。）等の特別の控除事由については納税者に立証責任があり，租税特別措置法中の多くの規定もこれに当たると解されています。

(5) 国税通則法65条（過少申告加算税）4項の「正当な理由」等

国税通則法65条4項の「正当な理由」，同条5項の「更正の予知」に係る要件事実については納税者に立証責任があると解されています。

国税通則法66条1項ただし書，同条4項の「正当な理由」，同条5項の「更正の予知」に係る要件事実についても同様に納税者に立証責任があると解されています。

(6) 更正の請求に対する理由がない旨の通知処分の取消事由

更正の請求に理由がない旨の通知処分の取消しを求める場合，いったん申告により確定した税額を自己に有利に変更することを求めるのであるから，納税者において，確定申告書の記載が真実と異なることにつき立証責任を負うと解されています。

(7) 手続的違法

課税処分の手続については，原則として，適法な手続によった処分であることについて課税庁が立証責任を負うとされています。

(8) 推計課税

推計課税については，推計課税の必要性，推計の合理性が必要であると解されていますが，このいずれについても課税庁が立証責任を負うと解されています。

推計課税に対して，納税者が実額による所得金額を主張する場合は，納税者において，その立証責任を負うと解されています。

Q25 立証責任と職権主義の関係

ANSWER

職権探知主義が採用されている審査請求手続においては，当事者の立証責任が問題となる余地は多くありません。また，弁論主義において問題とされる主張責任も，争点主義的運営との関係で問題となるにすぎません。

すなわち，一定の行政処分を前提とし，これに対する不服申立てがなされ，これが受理された以上は，仮に当事者双方からの主張・立証がなされなくとも，合議体自らが職権をもって処分の違法性及び不当性の存否について調査・審理を尽くし，証拠資料も職権で収集すべき職責を有し，これによって事実の認定・真実の発見が可能であるという考え方が前提とされている（これが職権審理主義，職権探知主義が採用される理由です。）からです。行政庁の公権力の行使についての抗告訴訟とは審理のあり方が根本的に異なっています。

ただ，審判所が原処分庁の上級官庁ではなく，第三者的機関として争訟裁断機能を営むものとされ，審査請求人の権利救済の趣旨から運営方針として調査の範囲について争点主義的運営を採用していること，合議体の有する職権調査

権限に強い強制力が与えられていないことから、実際上職権主義が機能する範囲が狭められ、また、職権探知によったからといって常に確実な認定が可能であるというわけではないので、その限りで、主張責任という問題は存在し、また、立証責任という考え方も必要になります。すなわち、立証責任は事実が真偽不明であっても当事者間の紛争に解決を与える法律的判断を下さなければならないことに由来するものであるので、訴訟における弁論主義と必然的に結びついているというものではありません。

Q26 審査請求人の主張責任

ANSWER

　国税通則法 87 条 3 項は、①「審査請求の趣旨」について、処分の取消し又は変更を求める範囲を明らかにするよう記載すること、②「理由」については、処分に係る通知書その他の書面により通知されている処分の理由に対する審査請求人の主張が明らかにされていなければならない、と規定しています。

　しかし、一般的に抗告訴訟においては、原則として原告又は不服申立人に主張責任あるいは立証責任はないと解されており、また、審査請求の趣旨は審査請求の手続過程における調査・審理の段階を経て次第に明確になる場合もあるので、必ずしも詳細な趣旨と理由の記載が求められているものとは思われません（最高裁第三小法廷昭和 38 年 3 月 3 日判決・税務訴訟資料 37 号 171 頁）。

　同条項が、審査請求の趣旨及び理由の記載の仕方について、これを明確にするよう要求しているのは、審査請求に至るまでに原処分理由が開示されていることから、形式審査の段階において争点が明らかにされ、合議体が構成されたときには直ちに実質審理を開始することができ、迅速に争訟の判断を行うことを期したことによるものであり、主張責任を規定したものではないと解すべきであろうと思われます。

　したがって、本条項は訓示規定と解され、趣旨及び理由が不明瞭であって

も，それのみを理由として審査請求を却下することはできないと解すべきであろうと思われます。

Q27 「処分」とは何か？

ANSWER

国税通則法75条は「国税に関する法律に基づく処分」について規定していますが，「処分」とは，行政庁が法に基づき優越的な意思の発動又は公権力の行使として国民に対して具体的事実に関し法的規制をする行為，すなわち，権利を設定し，義務を命じその他法律上の効果を発生させる行為です。

税務行政庁が行う各種の行為のうちには，「処分」であるかどうか，判定の難しいものもあります。

以下のような場合は，その者の権利義務に影響を及ぼさない（又はほかに直接影響を及ぼす処分がある）ので，「処分」には当たらないと解されています。

① 還付金の還付

　　納税者の権利義務その他法律上の地位を形成し，あるいは，これに具体的変動を及ぼし，又は，その範囲を具体的に確定する等の効果を生ぜしめるものでないから，「処分」に当たりません（広島高裁昭和54年2月26日判決・行裁例集30巻2号265頁）。

② 行政機関の内部行為

　　上級行政庁が下級行政庁等に対してする通達，訓示，指示，同意，承認，認可等は行政の内部的意思表示にとどまり，国民の権利義務に直接影響を与えることがないので，「処分」とはいえません。不服申立ては，指示等に基づいてされた具体的な処分に対してすることになります。

③ 既存の法律関係を事実上確認し，又は，単に知らせるにとどまる行為

　　例えば，予定納税額の通知，公売の通知，延滞税の通知等は，それ自身が法律効果を発生させる行為ではないから，「処分」には当たりません。

なお，督促は「処分」に当たるとされています（最高裁平成5年10月8日判決・判例時報1512・20）。
④ 単純な窓口的事務
申告書の受理，収納行為

Q28 判　例

= ANSWER

① 判例とは

「判例」ということばは，「先例としての判決」という意味をもっています。かつては，判決の中で述べられている抽象的・一般的理論が判例だと考えられていたことがあり，現在でもそういう見方があります。

しかし，判決は，あくまで個別的・具体的事件の解決であり，そこで述べられた抽象的理論を広く他の事件に適用することは，不当な一般化を招きやすい。仮に，その理論が他の類似の事例を広く考慮に入れて作られたものであっても，その事例に直面した場合ほど周到な検討がなされていないことが多い。そこで，英米法の考え方にならい，判決の中で〔真の〕判決理由（レイシオ・デシデンダイ　ratio decidendi）と傍論（オバイタ・ディクタ　obiter dicta）とを区別し，「真の判決理由」だけが先例としての拘束力を持つのだという考え方があります。

それでは，そこでいう「真の判決理由」とは何であるか。それは，事件の中の基本的事実と判決の結論とを結びつける必要にして十分な理由です。そして，基本的事実を同じくする同種の事件は，同じように取り扱うのが妥当である（公平と法的安定性の要請）ということになります。

しかし，真の判決理由が先例としての拘束力をもつといっても，細かく考えていくと具体的に何が真の判決理由であるかは簡単ではありません。

例えば，基本的な事実がA，B，Cからなる第一事件の結論がXであり，A，B，Dからなる第二事件の結論がYであるとすれば，CとDの違いが結論の差をもたらしたと推測することができます。そしてその差をもたらしたものが，それぞれ真の判決理由になるということになります。しかし，A，B，Eという事実をもつ第三事件が現れたときに，その結論が，XかYか，あるいはZとなるかはまったく不明です。その結論は第三事件のEという事実がCまたはDと同種とみられるか，それとも，それらと異なる別種のものと見られるかによって決まってきます。
　具体的に基本的事実をどう考えるかですが，事実を質的に類型化して基本的事実の範囲を決めていくことになります。判決の「妥当範囲」とか「射程距離」とかいうことばで論じられるのは，この問題です。そして，それは，単に事実の客観的認識の問題にとどまるものではなく，その判例をどこまで適用させるのがよいかという価値判断を内蔵しています。
　一般論としては，判例の妥当範囲をあまり広く考えないことが望ましいと考えられています。それを広くすることは，自由な判断の余地を狭めることになるのに対して，判例の妥当範囲を限定することは，具体的妥当性をめざす自由な判断の余地を広げることになるからです。それに関連して，最高裁判決が，判決理由の中で，「特段の事情のないかぎり」という注意書きをつけることがままありますが，判決の抽象的理論が判例として不当に拡大されないようにという意味の警告として解すべきであろうといわれています。
　そもそも，裁判官は，常に目前の事件について具体的妥当性をもつ解決を心がけるべきであり，単に先例があるという理由で，判断を停止してよいものではないと考えられています。「判決の拘束力」ということばを，その字句どおり，判例が客観的存在として拘束力を持つというのは必ずしも正確ではありません。同種の事件について，同じ結論の判決が出るのは，裁判官が具体的に検討した結果同じ結論に到達したということであり，前の判例に「拘束」されたために，判断を停止して，あるいは，別の望ましい結論を捨てて，それに従ったというのではないことが多いでしょう。ただ，裁判官の心理過程を明らかに

することは困難ですから，同じ結論が出され，前の判例がそこに引用されているならば，その事実を前の判例が拘束力をもったと，事後的に説明しているだけのことです。

裁判官としては，もし前の判決が適当でなかった，あるいは，時代の変化のため適当でなくなったと思えば，判例を変更して，新しい判例を作り出すこともできるし，そうすることがむしろ義務でもあると思われます。あるいは，それが説明として刺激的な印象を与えると考えれば，理屈をつけて前の判例と事件が違うといったり，あるいは，前の判例を無視して衝突を回避します。あるいはまた，判例の妥当範囲を狭く限定して，広げられた余地の中でそれと抵触しない判断をするという場合もあります。このようにして，判例は発展していくものであり，それを固定したものと考え，全部の判例が首尾一貫して矛盾がないと考えるのは正確でないといえます。

要するに，過去の判例が将来の判決を当然拘束すると考えるべきではなく，新しい事件を処理する場合に，判例を過去からの遺産として，法的安定性をいたずらに害しないように配慮しながら，説得力のある説明のために活用するということです。

② 判例は実務を支配する

判例は実務の世界を支配しているといわれます。正確にいうと，判例が拘束する相手は裁判官（あるいは審判官）だけです。それ以外の者は直接には拘束されないから，どういう意見を述べようと自由です。裁判官あるいは審判官に対し自己の期待する判断を求める立場にある人々にとって，判例をまったく無視した議論をしてもあまり意味はなく，それよりは，裁判官あるいは審判官が判例に拘束されていることを前提として活動したほうが実際的であり，有効です。

例えば，民事の訴えや刑事の公訴を提起するかどうかを決めるには，どういう裁判がなされるのかの見通しが当然必要となりますが，その見通しを立てるのについて裁判官を拘束している判例が重要な意味を持つことは当然でしょ

う。そう考えると，検察官や弁護士の仕事も，間接的には判例に支配されているということができます。審判所においても同様に考えてよいと思われます。判例が実務を支配しているという意味はそういうことです。

　判例の事実上の拘束力として，仮に，下級審の裁判官が最上級審裁判所の判断に反する判断をすれば，その裁判は上訴の結果破棄されるでしょうから，裁判官は判例に従って裁判をするのだといわれることがあります。しかし，一般的にいうならば，判例と異なる判断をしたからといって，その判断が維持されることもあり，必ず破棄されると決まっているわけではないので，これは，あまり決定的な根拠にはなりません。

　裁判というものは国の作用であり，国の意思表示であって，裁判官は国の機関としてこれを行うのであるから，裁判は本来だれがそれを担当しようと同じであるべき性質のものです。この統一のための仕組みとして上訴制度があります。この仕組みを前提に考えると，上訴によって，事件は最終的に単一の最高裁判所に移り，その判断によって結局全国の裁判の統一が図られます。このことから，最高裁判所の判断が国の判断・意思表示として最終的・確定的なものであり，法律解釈についていうと国としての有権的解釈だということになります。それは，国の判断として１つの権威を持つことは事実です。そうすると，上訴審による是正はいわば次善の方法であり，本来的には，第一審段階ですでに最高裁判所が示すであろう判断がなされることが望ましいということになります。

　最高裁判所がするであろう判断をどうやって発見するのか。それを予測する有力な手がかりは，その点に関してすでに最高裁判所の判例が存在すれば，その判例です。判例そのものは過去に終結した事件についての判断にすぎませんが，最高裁判所の判例に限ってはこれを変更するのに特別の手続を必要とすることによってその変更に慎重であるべきことが制度上要請されているので，一般的にいって変更されない蓋然性が大きく，したがって将来においても前の判例と同じ判断がなされるであろうという予測がかなり高い程度において成り立つからです。この結果，下級審の裁判官は，担当事件についても既存の判例と

同じ判断がされるであろうという予測の下に，それを自己の裁判における判断とするわけで，裁判官が判例に従うということ，判例が裁判官を事実上拘束するということの意味はそこにあると考えられます。

そうすると，次のことがいえると思われます。

ア　その第一は，真の意味で拘束力があるのは最高裁判所の判例だけだということです。それは，最高裁判所の判断を予測する材料となるのは最高裁判所の判例以外にないことから当然です。これに対して，最高裁判所によってまだ是認されていない戦前の大審院の判例は，特別の手続を経ないで，すなわち小法廷で自由にこれを変更することができるので，変更されないことの制度的な保障はありません。しかし，過去における最上級裁判所の判断であるから，最高裁判所も同様の判断をするであろうという予測がある程度成り立つので下級審判例とはその点で異なります。

　最高裁判所によって下された法律的判断である以上，大法廷のものであろうと小法廷のものであろうと，また一回限りのものであるか繰り返されたものであるかを問わず，判例であることに変わりありません。そのいずれであっても，これを将来変更するには同一の手続を必要とし，それが維持される可能性は少なくとも制度上は同じだからです。

　また，その判例が最高裁判所判例集に登載されたかどうかは，その判例としての重さに関係ありません。

イ　判例の拘束力は事実上のものだといわれていますが，その根底には最高裁判所のするであろうような判断をせよという裁判官の職務上の義務があるわけで，それは明文はなくともやはり法的な地位に基づく義務だというべきでありますから，その意味では，この拘束には，間接的にではありますが，法的根拠があるといえます。事実上の拘束力とはいっても単なる事実の積重ねが慣習法のように拘束力を生ずるという以上のものであるといえましょう。

ウ　第三の重要な帰結として，判例というものが将来の最高裁判所の判断の予測資料として意味を持つものだと考えれば，その「拘束力」は必ずしも

絶対的なものではないということです。すなわち、それが「拘束」するのは、最高裁判所がそれと同じ判断を将来もするだろうと予測される（通常はそう予測してよい）限りにおいてであって、もし何らかの理由からそれとは違う判断のなされることが期待されるならば、判例は予測資料としての機能を失い、したがって「拘束」しないということになります。判例の拘束力の限界です。

③ 実務における判例

(1) 判例は裁判理由の中にある―判決要旨は「判例」ではない

「判例」は裁判の理由の中で裁判所の示した法律上の判断です。したがって、判決・決定の理由の中から直接読み取られるのでなければなりません。

判例集を見ると、そこに登載された判決・決定の冒頭に、「判決・（決定）要旨」というものが印刷されています。それは、その判決・決定がなされたあとでその裁判をした大法廷・小法廷ではない第三者が作成したもので、判決・決定の一部ではありません。作成者としてはその裁判の「判例」だと自ら考えたものを要旨として書いたわけで、確かにわれわれが「判例」を発見するのによい手がかりになります。しかし、作成者が判例だと思ったこととそれが真の判例だということとは別です。判決・決定要旨として書かれたものをそのまま「判例」だと思うのはきわめて危険で、判例はあくまで裁判理由の中から読む人自身の頭で読み取られなければならないといわれています。

(2) 「判例」とは、論点についての判断である

「判例」とは、その上告事件の法律上の論点に対してなされた判断であり、それ以外の法的な問題について述べられたものは傍論にすぎません。

論点が真の論点であるためには、もしその点についての原裁判所の判断が誤っているということになれば必然的に原裁判が破棄されまたは取り消されるような結論に直結し、これを左右する問題点でなければなりません。

民事でいうと、一定の権利・義務の存否です。そして、実体法上の論点は、

単に権利・義務の存否という結論的なものではなく，より細分された問題として現れます。すなわち，権利・義務の存否の問題はその発生・変更・消滅の事由の存否に分けて問題とされ，さらにそれらの事由はそれぞれいくつかの法律上の要件から成り立っているから，それぞれの要件の存否，例えば，民事でいうと，その契約は公序良俗に反しているか（民法90条），被告の行為が原告の「権利を侵害」したか（民法709条），弁済の相手方が「債権の準占有者」といえるか（民法478条）などが独立の論点となります。このように法律上の個々の要件に該当するかどうかが論点になるのは，裁判は法律によってなされるべきものであり，そのためにはその要件に該当するかどうかをまず確定する必要があることの当然の帰結です。このように論点は，認定された事実が一定の法条の定めるところに該当するかどうかという「当てはめ」の問題であるのが通常です。しかし，それ以外にも，その当てはめの前提となる法条の有効無効のような適用法条の側の問題も，一定の法律的効果の要件に関するものであるので，論点となりえます。

(3) 結論命題と理由づけ命題

論点についての判断は，その結論の部分と結論の理由づけの部分とに分けることができます。

結論の部分，理由づけの部分とは，具体的にいうと次のようになります。

まず，結論の部分は，「本件の具体的事実からすれば，本件の契約は公序良俗に反して無効である。」というような1つの命題の形で示されます。このようなものは「結論命題」と呼ばれています。これに対して，理由づけの部分はいろいろなものを含んでいます。その中には，その事件限りの説明にすぎない部分もありますが，それは先例としての意味をもたないから，判例にはなりません。問題となるのは，一般的な性質をもった命題の部分です。

例えば，その行為とその事実との間に民事上の因果関係が認められるかどうかという論点において，これを肯定する結論を説明するために，「Aという行為がなければBという事実が発生しなかっただろうという関係があれば，A

とBとの間には法津上の因果関係がある。」という一般的な命題が示され，あるいは，そこで認定された事実が一定の法令上の概念に該当することを理由づけるためにその概念の一般的な定義が示されたとします。これらは他の多くの事件にも適用することができる命題であるから，判例と見てもよいという考えもあります。

この理由づけの部分の中に現れるこの種の一般的な命題は「理由づけ命題」と呼ばれています。

(4) 結論命題のある程度の抽象化

結論命題のうち，ある法条の有効・無効を述べた命題などは，それだけで一般性をもっているから，他の事件にも適用できます。しかし，結論命題の大部分は，そのような単純な形の命題でなく，当該事件の具体的事実を前提としてその法律的効果を述べる，という形態の命題です。そういう具体的な事実は事件ごとに違っていて，まったく同一ということはありません。そうすると，この種の結論命題は，そのままの姿では，他の事件に適用することはできないので，これを判例といってみたところで意味がありません。しかし，このような結論命題の前提事実の中には，その法律的な結論にとってまったく意味のない事実が含まれています。人の名前や地名などはふつう結論には関係がありません。その事実があった時間なども結論に影響がないことが多いです。このように，その事実が他の事実と入れ替わっても結論に変わりがないような事実を具体的事実の中から取り除き，結論にとって意味のある事実だけを残すと，その命題はある程度抽象的な内容のものとなって，他の同種の事件にも適用できるものとなります。このようにある程度抽象化された命題が，「結論命題」と呼ばれているものです。

このように具体的な事実を抽象化して行った結果残された事実，すなわち，それがあるとないとで結論が変わるような事実は「重要な事実（material facts）」と呼ばれています。そして，この重要な事実が多ければ多いほどその命題の射程範囲すなわち適用される場合は狭くなり，少なければそれだけその

範囲は広くなります。

　そして，何がこの「重要な事実」であるかは，最終的には，その結論を示した裁判所がどう考えたかということを離れて，第三者的な立場から客観的に判定されるべきであると考えられています。現実的には，その判定者は，その命題が判例として自己の事件に適用されるかどうかという問題を前にした裁判所（審判所）だということになると思われます。

(5) 理由づけ命題

　理由づけ命題にもいろいろあります。第一に，ある命題が判例であるといえるためには，他の事実にそれを適用して論点についての結論を直接に導き出せるようなもの，「具体的事件における決定の不可欠の前提とされた法規則命題」でなければなりません。そのような直接の理由づけ命題の正しいことを説明するためになんらかの一般命題がさらに引用されていても，それはそもそも判例ではありません。

　第二に，判例というためには，直接性を持つ命題であることのほかに，当該裁判における結論を理由づけるものでなければならないとされます。したがって，その事件の事実と異なる事実を仮定して述べられた命題は判例ではありません。

　そうすると，理由づけ命題を判例だと考える立場においても，理由づけの中に述べられたすべての命題が判例であるわけではなく，それによって論点についての結論を直接導き出す命題だけが判例であるということになります。すなわち，それは，その事件の具体的事実を小前提として三段論法によって結論を出すときの大前提に相当する命題に限られるということになります。

(6) 理由づけのための一般的法命題

　結論命題の中には，当該事件の結論命題としての抽象化の限度を越えて，より一般化された命題があります。例えば，法令上のある概念や関係を一般的に定義した命題などがそれです。「理由づけのための一般的法命題」といわれま

す。

　これには次のような特徴があります。

　抽象化された結論命題は，抽象化に限度があるため，当該事案と同種の類型から離れることができず，したがって，適用範囲が狭いのに対し，この種の一般的法命題は，より抽象化・一般化されているため，適用範囲がはるかに広く，その問題に関するかぎり，いわばすべての場合を網羅した包括性・完結性を備えています。

　例えば，ある事件においてその事実がある法令上の概念に当たるかどうかが論点になり，これを肯定する判決がその理由づけとしてその法令上の概念の定義をしたとします。このような定義は，包括性・完結性をもっており，それに該当するものはすべてその概念にあたるとする積極面をもつ一方，その定義の要件を1つでも欠く場合にはその概念に当たらないという消極的判断を含んでいます。

　これは，定義というものが，概念の内包を明らかにし，同時にその外延を確定するものだからです。この判決では，結論が肯定ですから，定義の中の内包に関する部分は理由づけとして使用されていますが，もう1つの外延に関する部分は使う必要がなく，また，使用されていません。その部分はこの事件ではなく，その要件の1つが欠けている事実が問題となったときに必要になります。言い換えると，この一般的法命題としての定義の中には，その事件の解決にとって必要ではなく，将来別の事件で適用されるべきものが含まれていることを示しています。

(7)　理由づけのための一般的法命題の判例性

　結論命題が判例であることに争いはありませんが，理由づけのための一般的法命題については，これを判例とする考え方と判例ではないとする考え方があります。

Q29 裁決の効力

ANSWER

　裁決は，性質上は行政処分ですが，審判という争訟裁断行為の結論を示すものであるので，一般の行政処分がもつ効力のほかに特別な効力が認められます。

　公定力，執行力，不可争力，拘束力，不可変更力（自縛力）があります。

① 公定力・不可争力

　行政処分が，一定の期間内に限って，争訟によって取消しが認められる場合，ことに異議決定，裁決は一定の争訟手続に従い，当事者を手続に関与させて争訟の終局的解決を図ることを目的とするものであるから，それが出訴期間の経過等により確定すると，当事者はこれを訴訟上争うことができなくなります。これを形式的確定といったり不可争力といったりします。裁決にはこの効力が認められます。

② 拘束力

　行政処分は，重大かつ明白な瑕疵によって無効とされる場合のほかは，一般に公定力（瑕疵があっても，取り消されるまでは，一応適法性の推定を受け，その効果の承認を相手方に強要する力）があるため，相手方は勿論，当該行政庁もこれを有効なものとして尊重しなければなりません。

　ア　裁決は関係行政庁を拘束します（通則法102条）。これを裁決の拘束力といいます。

　　　この拘束力を認める理由は，違法又は不当な処分であるとしてその処分を取り消しただけでは審査請求人の権利救済に充分でないところから，同一理由に基づく同一内容の行政処分の繰返しを禁止し，取消し，変更された処分と直接関連して生じた違法又は不当な状態を除去し原状を回復する義務を明らかにしたものです。

裁決は納税者の権利救済として行われるものですから，拘束力は，違法又は不当とされた処分の取消し，変更の裁決につき生じますが，原処分を相当として審査請求を棄却した裁決や，実質的審理を経ていない却下の裁決については拘束力は生じません。

　また，裁決では審理しなかった簿外所得が後日，発覚したとしても，裁決は，その点につき判断を示していないので，拘束力は及ばず，したがって，税務署長が再更正処分をすることを妨げられません。

　原処分庁は，審査請求を棄却した裁決の後，審査請求の対象となった原処分につき，これを適法，有効なものとして維持しなければならない理由はないから，裁決があったからといって原処分を取り消すことが違法であるということはできないとされています（大阪高裁昭和43年6月21日判決）。

　また，更正処分を相当とする裁決があった後においても，更正処分に法所定の付記理由の不備があった場合，原処分庁はこれを再更正することができるとされています（大阪高裁昭和39年3月12日判決）。

　さらに，棄却の裁決があっても異議決定庁は原処分を取消し変更することは妨げないとされています（最高裁昭和49年7月19日判決）。

　また，更正処分に対する異議申立ての棄却決定に瑕疵があっても，それを前提とする審査請求の裁決が拘束力を有しないこととなるものでもないとされています。

　さらに，異議申立ての棄却決定のあった後，原処分について適法にされた審査請求は，右の決定が理由不備のために判決により取り消されたとしても，そのために不適法になることはなく，右審査請求に基づいてなされた裁決は無効ではないとされています（東京高裁昭和43年1月12日判決）。

　なお，課税処分取消訴訟で，原処分庁が裁決において認定された金額と異なった金額を主張しても，これは処分の正当性を理由あらしめる主張をしているので裁決の拘束力に反しないし（大阪地裁昭和48年12月5日判決），処分庁が処分を根拠づけるためにする主張が裁決の理由中の判断と

同一でなければならないということはなく，裁決はそういう意味での拘束力は持たないとされています（大阪地裁昭和48年5月14日判決）。

さらに，裁決の拘束力は，既判力とは異なり，行政処分の個々の違法原因について生じ，違法性一般について生ずるものではないとされています。すなわち，拘束力は裁決によって違法とされた同一の理由に基づいて同一人に対し同一の行為をすることを禁ずるにすぎないので，別の理由に基づいて処分をすることは妨げられないと解されています。

争訟は，原処分の適否につき審理するものであるので，いかに職権主義が加味されていても審理の中心は依然処分の適否にあり，当該処分の課税要件のすべてにわたり審理し尽くすことを裁決庁に求めるのは無理を強いるものであると考えられるからであるともいわれています。

イ　原処分庁は，申請もしくは請求に基づいてした処分が，手続の違法もしくは不当を理由として裁決で取り消され，または，申請もしくは請求を却下しもしくは棄却した処分が裁決によって取り消されたときは，改めて裁決の趣旨に従って，申請又は請求に対する処分をすることを義務づけられます。

国税不服審判所長は国税の違法又は不当な処分に対し，それを取消し又は変更し審査請求人の権利を救済する機関であり，原処分庁のような執行機関ではないから，裁決をして関係行政庁を拘束するという権限をもつにとどまるからです。

③　裁決の不可変更力（自縛力）

裁決のように当事者が争訟手続によって争ったことに基づいて行われた行政処分は，その本質が争訟裁断行為であることから，たとえそれが違法又は不当であっても裁決庁が自ら職権によって取消すことは原則として許されないものであると考えられています。

本来行政行為に瑕疵がある場合には，行政庁は職権によってこれを取消し又は変更することができるとされています。

しかし，一定の行政行為については，例外として，仮に瑕疵があったとしても，紛争のむし返しを防止するために，これを取消し又は変更できないものとされます。これを行政行為の不可変更力といいます。
　この不可変更力については，これを「確定力」又は「実質的確定力」と呼ぶことがあり，また，一時不再理の効力と同義に使われることもあります。
　これは，いったん裁判がなされると，瑕疵があっても裁判所を拘束し，その裁判所もこれを取り消し，変更することができない，いわゆる自縛力，覊束力に類似する効力です。
　不可変更力は，不可争力とは異なります。不可変更力は行政庁が取消し又は変更できない効力であり，不可争力は，瑕疵ある行政処分に対して不服のある者がその瑕疵を主張できないという効力です。
　一般の行政行為については，不可変更力を認めることができないが，争訟裁断行為—行政事件訴訟法3条3項にいう「審査請求，異議申立てその他の不服申立て…に対する行政庁の裁決，決定その他の行為」については，性質上，不可変更力を認める見解が多い。審判という争訟裁断行為については，裁判に類似する行為であるし，審判所は，まさにこの争訟裁断的機能を本質とし，司法的原理を導入してこれに基づき第三者的機関として審判を行っているのであるから，不可変更力を認めるべきである（横浜地裁昭和51年10月13日判決）と思われます。
　最高裁も農地事件に関する裁決について，行政処分ではあるが，実質的にみれば，その本質は法律上の争訟を裁判するものであるから，他の一般の行政処分とは異なり，特別の規定のない限り，裁決庁は自ら取り消すことはできない旨判示しています（最高裁昭和29年1月21日判決）。
　しかし，不可変更力が認められる裁決であっても，新たな事実の発生，新たな資料により審査決定を維持することが著しく納税者の権利利益に反すると認められるとき（例えば民事訴訟法338条の定める再審の理由に該当するような重大な事由）には，これを取消し，変更することができると思われます（広島地裁昭和35年5月17日判決）。

異議申立て棄却決定が裁判で取消され（審判所の棄却の裁決があっても，異議決定の取消しを求める訴えの利益があることにつき最高裁昭和49年7月19日判決），再度の異議決定後の原処分についてなお不服がある場合には，審査請求がなされることになりますが，判決による取消前の異議決定に基づく審査請求と取消後の異議決定に基づく審査請求との関係が問題となり，また，さきの棄却裁決の不可変更力はあとの審査請求にどのような影響があるかが問題となります。

裁決は，異なる異議決定を経た新たな審査請求が適法になされれば，これについて実体的裁決をすべきであって，これを却下することはできないとされています（東京高裁昭和41年10月27日判決）。

二重の審査請求は，同一の原処分に対するものであっても，異なった異議決定を経ていることから，別個の審査請求と解し，取消後の異議決定に基づく審査請求は二重請求にならず，また，さきの棄却裁決の不可変更力は，あとの審査請求に及ばないから，後の審査請求につき，審判所はさきの棄却裁決の不可変更力に影響を受けないで裁決を行うことができるということになるのでしょう。

裁決内容の同一性を害しない限り，誤記，違算等の明白な誤りは訂正できるとされています（横浜地裁昭和51年10月13日判決）。

また，裁決に不可変更力が認められるとしても，原処分庁が，争訟裁断行為の対象となった原処分を取消し・変更することは妨げられないとされています（最高裁昭和33年2月7日判決）。

Q30　過去の裁決を調べる方法は？

- ANSWER

国税不服審判所のホームページ（http://www.kfs.go.jp）には，先例性のあるものについて，これまでに公表した裁決事例を掲載しています。

また，同ホームページでは，審査請求の争点となった事項別に，又はキーワード入力により，裁決の要旨を検索・閲覧できるシステムも提供されています。
　このシステムには，平成8年7月1日以降に出された裁決の要旨がすべて掲載されています。

Q31　国税不服審判所に提出する書類の用紙は，どのように入手するのか？

ANSWER

　国税不服審判所に提出する書類の用紙は，国税不服審判所の各支部（支所）の窓口又は担当審判官に申し出れば入手できます。
　なお，提出書類のうち，次のものについては，国税不服審判所のホームページ（http://www.kfs.go.jp）から入手できます。

- 「審査請求書」用紙
- 「審査請求書」の書き方
- 「審査請求書」の書き方（復興特別所得税・復興特別法人税がある場合）
- 「審査請求書の補正書」用紙
- 「反論書の提出について」用紙
- 「閲覧請求書」用紙
- 「審理するための質問，検査等をすることの申立書」用紙
- 「補佐人帯同申請書」用紙
- 「口頭意見陳述の申立書」用紙
- 「徴収の猶予等の申立書」用紙
- 「滞納処分による差押えの解除等の申請書」用紙
- 「審査請求人の地位の承継の許可申請書」用紙
- 「審査請求への参加申請書」用紙
- 「審査請求人の地位承継及び総代選任の届出書」用紙

- 「代理人の選任・解任届出書」用紙
- 「代理人に特別の委任・特別の委任の解除をした旨の届出書」用紙(「代理人の選任・解任届出書」用紙の別紙3)
- 「書類の送達先を代理人とする申出書」用紙
- 「総代の選任・解任届出書」用紙
- 「審査請求の取下書」用紙

第4章

実際に書類を書く

1　審査請求書の「審査請求の理由」欄の記載例

〔記載例1〕

> 　原処分庁は，購入した馬券の的中によって得た払戻金に係る所得は，一時所得に該当するとして，所得税の更正処分及び過少申告加算税の賦課決定処分をしたが，この処分は次の理由により違法である。
> 　本件競馬所得は，次のとおり，所得税法34条1項に規定する「営利を目的とする継続的行為から生じた所得以外の一時の所得」という一時所得の要件に該当せず，雑所得である。
> 　審査請求人は，競馬を娯楽として楽しむのではなく，払戻金を原資として，毎週継続して馬券を購入しており，購入に当たっては，出走馬の過去の実績，競争への適合性，騎手の技量や騎乗馬との相性，その日の出走馬のコンディション，枠順，コースの特徴，馬場の状態など多種多様な要素を分析しその結果に基づいて着順を予想し，また，競争後には競争内容や自らの予想の分析・検討を繰り返して次の競争に生かし，高確率で馬券を的中させている。これは営利を目的とした継続的行為であるというべきである。
> 　したがって，本件競馬所得は所得税法上の雑所得に該当し，年間を通じて購入した馬券の購入金額の全額が必要経費として収入金額から控除されるべきである。

〔記載例2〕

　　原処分庁は，審査請求人の事業所得について，①売上金額の計上もれ額2,000,000円，②仕入金額の計上もれ額1,400,000円をそれぞれ加算・減算して所得金額を計算しているが，次のとおり誤りがある。
1　売上金額の計上もれについて，株式会社A社に対する売上金額2,000,000円のうち1,500,000円は認めるが，そのほかの500,000円については売上の事実はない。
2　仕入金額の計上もれ額1,400,000円については認める。
3　したがって，所得金額は，別添「収支明細書」記載のとおり，2,700,000円が正しい金額である。

〔記載例3〕

1　審査請求人は，居住用財産である土地建物を平成〇年〇月に譲渡し，租税特別措置法35条1項及び31条の3の規定による特別控除及び軽減税率を適用して所得税額を計算し，平成〇年分の所得税確定申告書を期限内に原処分庁に提出した。
　　上記不動産は，母屋と離れの2棟からなり，譲渡するまで，母屋は審査請求人とその家族4人が住み，離れには審査請求人の実弟が住んでいた。
　　原処分庁は，離れは独立して生活が営める状況であり，収入のある親族が使用しているので，この部分については審査請求人の居住用財産に当たらないとして，更正処分をした。
2　離れは，もともと審査請求人の両親が寝室として使用していたものであり，その死亡後，独身の実弟が両親と同様寝室として使用していた。
　　実弟は，当時会社員であり，収入の中から食費を審査請求人に渡しており，審査請求人と生計を一にする親族である。離れは，ミニキッチン等は備えていたが，電話の架設はなく，実弟は，食事，入浴等は一切母

屋で行い，現実に一体の家屋として使用していたものである。生計を一にする親族には扶養親族に限るとする要件はないのであるから，譲渡所得の金額について軽減税率を適用すべきであり，原処分は法令の適用を誤っており，取り消されるべきである。

〔記載例4〕

　審査請求人は平成○年○月○日にA社に対して○市○町○番地の土地○○平方メートルを譲渡した。

　この土地の譲渡に係る譲渡所得について，原処分庁は，その譲渡収入を○○○円とし，取得費の額を300万円として本件更正処分及び過少申告加算税の賦課決定処分を行った。

　当該収入金額については争うものではないが，取得費の額については，次のように500万円が正しい金額であるから，原処分のうちその取得費の額の誤りにかかる部分の税額については取り消されるべきである。

　本件土地は，昭和○年○月ころ，審査請求人がBから購入したものであるところ，実際に審査請求人が本件土地の売主であるBに支払った金銭の額は300万円であるが，この売買契約に伴って，それ以前に審査請求人が売主Bに貸し付けていた金員200万円と本件土地の購入代金の一部とを相殺している。原処分庁はこの相殺した金額200万円を取得費に算入していないから，この点において違法である。

〔記載例5〕

　Aからの不動産仲介手数料○○円について，原処分庁は審査請求人とA（売主）との間で締結した「甲マンション」分譲契約に基づく仲介手数料の支払請求権は，当該分譲住宅の売買契約が締結された当事業年度において確定したものというべきであるとして本件更正処分をした。

　しかしながら，審査請求人のような販売を委託される中間業者の業務

は，売買契約を成立させるだけではなく，中間金の請求，その回収，登記申請，銀行担保の設定，担保設定の登記，残金の回収等のすべての事務を完了させなければ売主（施主）から委任された業務を完了したことにはならない。

　したがって，決算時点においては，残金の一部が未回収であり，担保設定登記も未完了であるので，当事業年度中に本件仲介手数料の支払請求権が確定したものということはできない。これを当事業年度中に確定したものとしてした本件更正処分は違法である。

2　仮想事例を想定した記載例（審査請求書の「審査請求の理由」欄及び反論書）

(1)　想定する事例

①　A社の代表者甲は，売上先の乙に，運転資金の借入れを申し込まれ，やむなく500万円を貸し付けた。

② 　乙は500万円を借りた翌月末，この500万円を仕入代金に上乗せしてA社に支払い，乙の会計帳簿においては仕入代金の支払いとして処理した。

③　A社においては，入金時には，この事実に気が付かず，売上金額として会計処理したが，売上金額と出庫商品等が乖離するので調査したところ，乙が甲からの借入金を仕入代金に上乗せして支払ったことが判明した。

④　A社においては，判明した事実に基づき，この500万円を代表者の甲に支払い，それと同時に売上を減額する会計処理をした。

⑤　A社の税務調査において，この会計処理が問題となり，乙に対して反面調査を実施したが，乙においては仕入代金の支払いとして会計処理がされていたことから，原処分庁は，A社が売上を故意に除外したとして，法人税の更正処分と重加算税の賦課決定処分を行った（A社の甲に対する賞与に係る源泉所得税の告知処分については，ここでは考えない）。

(2) **想定する「審査請求の理由」欄の記載**

　　○○税務署長は，審査請求人が，平成○○年○月○日に売上として処理した金額○○万円のうちの500万円を，平成○○年○月○日に売上勘定から減額し，この500万円を甲に支払ったことをもって，審査請求人が売上金額500万円を除外したものとして，法人税の更正処分及び重加算税の賦課決定処分を行った。

　　しかしながら，この500万円は，仕入代金として乙からA社に対して支払われる前月にA社の代表者甲が個人として乙に貸し付けたものを，乙がA社にも甲にも相談せずA社に対して支払ったものである。

　　したがって，この500万円は，そもそも売上代金ではなく，これを売上代金であるとしした○○税務署長の本件更正処分及び重加算税の賦課決定処分は，事実認定を誤っており違法である。

(3) **想定される原処分庁の（主張）答弁書**

　　審査請求人には，平成○○年○月○日に，乙への売上○○円があり，このうち500万円を平成○○年○月○日に売上勘定から減額し，これを代表者甲に支払っている。これは，会計帳簿の記載を仮装したものである。したがって，本件更正処分及び重加算税の賦課決定処分はいずれも適法である。

　　審査請求人は，この500万円は，甲が乙に対してした貸付金の返済であると主張するが，そのような事実を裏付ける証拠の提出はこれまで審査請求人からなく，また，乙に対する調査によっても，審査請求人の右の主張を裏付ける事実はない。したがって，審査請求人の主張は根拠のないものである。

(4) 想定される審査請求人の主張（反論書）

> 原処分庁は，本件 500 万円は貸付金の返済であるとの審査請求人の主張は根拠のないものであると主張する。
>
> しかしながら，次の事実から，本件 500 万円が甲の乙に対する貸付金の返済であることは明らかである。
>
> ① 平成○○年○月○日，甲は○○銀行○○支店の甲名義の普通預金口座（口座番号○○○○）から，乙から指定された○○信用金庫○○支店の乙名義の普通預金口座（口座番号○○○○）に 500 万円を振り込んでいる。
> ② 甲は，右の振込みに際して，乙の名刺の裏に，金銭を借用した旨と借用金額を乙が記載したものを受領しており，甲は，現在もこれを持っている。
> ③ 甲は，乙が審査請求人に対して本件 500 万円を支払ったのを把握した直後に，貸し付けた金銭の返済を受けた旨を記載した書面を乙宛に郵送しており，乙に郵送した書面の写しを甲は現在所持している。
> ④ 審査請求人においては，商品の在庫管理，出庫管理を厳格に行い，商品の在庫，出荷の状況は，網羅的かつ継続的に記録されている。この記録によれば，右 500 万円に対応する商品の乙への引渡しは存在しない。
>
> 上記①ないし④の事実を証明する証拠は追って担当審判官に提出する。

参考文献

法曹会・泉徳治ほか「租税訴訟の審理について」司法研修所　1984年
「新・実務民事訴訟講座10」日本評論社　1982年
小川英明・松沢智 編「裁判実務大系20 租税争訟法」青林書院　1988年
寳金敏明「現代裁判法大系29 租税訴訟」新日本法規出版　2000年
松沢智「租税争訟法」中央経済社　1985年
中尾巧「税務訴訟入門」商事法務　2011年
司法研修所「増補　民事訴訟における要件事実　第一巻」法曹会　1985年
志場喜徳郎ほか「国税通則法精解」大蔵財務協会　2013年
南博方「租税争訟の理論と実際」弘文堂　1980年
堺澤良「国税関係　課税・救済手続法精解」財経詳報社　1999年
五味慶明「税金の救済実務─不服申立て，課税の軽減・免除等─」ぎょうせい　1981年
中野貞一郎ほか「新民事訴訟法講義」有斐閣　2008年
三ヶ月章「民事訴訟法」有斐閣　1959年
三ヶ月章「民事訴訟法」弘文堂　1981年
兼子一「民事訴訟法」弘文堂　1972年
中田淳一「民事訴訟法概説(1)」有斐閣双書　1968年
田中二郎「新版行政法上巻」弘文堂　1974年
中野次雄編「判例とその読み方」有斐閣　2009年
青木丈「こう変わる！　国税不服申立て」ぎょうせい　2014年
税大ジャーナル4　2006.11「課税訴訟における要件事実論の意義」（今村隆）
税大ジャーナル10　2009.2「再論・課税訴訟における要件事実論の意義」（今村隆）

索　引

【あ行】

青色申告に係る更正 ——————— 3
異議申立制度 ————————— 3
意見書 ——————— 9, 10, 41, 36
違法性一般 —————————— 90
閲覧請求 ——————————— 56
応答義務 ——————————— 50
オバイタ・ディクタ ————— 119

【か行】

改正法 ——————— 4, 43, 50, 53, 59, 75, 84
換価の制限 ————————— 37
間接事実 —————————— 103
議決 ———————————— 36
規範的要件 ————————— 107
基本的事実同一説 —————— 100
却下の裁決 ————————— 84
客観的立証責任 ——————— 111
供述 ———————————— 109
行政行為の不可変更力 ———— 132
行政不服審査法の施行に伴う関係法律の
　整備等に関する法律 ————— 4
共同審査請求 ———————— 28
苦情や注文 ————————— 55
具体的事実説 ———————— 106
経験則 ——————————— 112

結論命題 ————————— 125, 126
原処分主義 ————————— 76
原処分庁 —————————— 9, 13
権利根拠規定 ———————— 111
権利障害規定 ———————— 111
権利消滅規定 ———————— 111
合意によるみなす審査請求 —— 74
合議 ——————————— 61, 36
合議体 ————————— 9, 36, 61
更生手続開始 ———————— 79
公定力 —————————— 129
口頭意見陳述 ———————— 45
合理的な経験則 ——————— 109
国税庁長官通達 ——————— 68

【さ行】

裁決 —————————— 36, 62, 68
裁決固有の違法 ——————— 65
裁決書謄本 ———————— 9, 10, 63
裁決の違法 ————————— 65
裁決の拘束力 ———————— 129
裁決の不可変更力 —————— 131
裁決は、関係行政庁を拘束する。—— 63
差押えの猶予等 ——————— 37
参加審判官 ————————— 9
三段論法 —————————— 127
事実上の主張 ———————— 104

事実についての争点	61	心証形成	112
事実認定	108	信書便	82
執行不停止の原則	37	審判の対象	92
質問権	50	信用性判断	109
自動車重量税	4, 5	審理関係人	43, 50, 53
自動車重量税法	69, 74	審理の状況・予定表	55
射程距離	120	推計課税	94
住所	13	推計の合理性	94
自由心証主義	103, 112	請求人面談	44
主観的立証責任	111	税務代理権限証書	19
主張	104	税務調査手続の違法	95
主張責任	112	総額主義	85, 88
主要事実	93, 103, 105	総代	13, 18, 28
証拠	36, 41, 42, 43, 109	総代の選任	29
証拠共通の原則	109	争点	9, 36, 42, 61, 89
証拠書類等	9, 10	争点関連事項	85, 89
証拠の閲覧	59	争点主義	85
証明	109	争点主義的運営	68, 88
処分	118	争点整理	54
処分の不当性	96	争点外事項	89
処分理由の差替え	92	争点の確認表	54
処分理由の主張の制約	99	訴訟の提起	4, 64
書類の送達先を代理人とする申出書	20	訴訟物	86, 89
審査請求書	9, 10, 11, 18, 25, 36		
審査請求制度	3, 7	**【た行】**	
審査請求人	10	代理人	13, 18, 19
審査請求の趣旨	16	代理人の選任	21
審査請求の対象	67	代理人の選任届出書	13
審査請求の取下げ	20, 28	担当審判官	9, 10
審査請求の理由	16	調査・審理の留保	75

145

徴収の猶予又は滞納処分の続行の停止	37
通達の不平等適用	98
手続的違法	95
答弁書	9, 10, 25, 31, 36, 41
登録免許税	4, 5, 14
登録免許税法	69, 74
督促	119
特段の事情	120
特別の委任	59
取下げ	59

【な行】

納税者支援調整官	55

【は行】

破産手続開始	79
判決の拘束力	120
判決理由	119
反証	112
判例	119
反論書	9, 10, 31, 34, 36, 43, 41
非供述証拠	109
評価根拠事実	107
評価障害事実	108
不可争力	129
不当性の主要事実	98
不服申立ての利益	71
弁論主義	87, 102

法規・審査	10, 62
法的三段論法	104
法律解釈に関する争点	61
法律上の主張	104
法令解釈通達	67
傍論	119
補佐人	48
補助事実	103
本証	111

【ま行】

みなす審査請求	74
民事再生手続開始	79
郵送等	82
郵便物等	82
郵便又は信書便による提出	18, 19

【や行】

要件	105
要件事実	89
要件事実論	102

【ら行】

立証	104
立証責任	103, 110
立証責任の分配	110
理由づけ命題	126
レイシオ・デシデンダイ	119

著者紹介

安井　和彦（やすい　かずひこ）

税理士　昭和28年　東京生まれ
東京大学法学部卒業
東京国税局査察部
東京国税局調査部
東京国税局課税第一部国税訟務官室
税務大学校教授
東京国税不服審判所
　　　国税副審判官
　　　国税審判官
　　　総括審判官
　　　横浜支所長
平成26年3月退職　税理士開業
　　東京地方税理士会　税法研究所　研究員

著者との契約により検印省略

平成27年3月1日　初版第1刷発行

税理士のための
審査請求制度の手続と理論
実務に役立つQ&A

著　者	安　井　和　彦
発行者	大　坪　嘉　春
製版所	美研プリンティング株式会社
印刷所	税経印刷株式会社
製本所	牧製本印刷株式会社

発行所　〒161-0033　東京都新宿区下落合2丁目5番13号
　　　　株式会社　税務経理協会
振替　00190-2-187408
FAX　(03) 3565-3391
電話　(03) 3953-3301（編集部）
　　　(03) 3953-3325（営業部）
URL　http://www.zeikei.co.jp/
乱丁・落丁の場合は、お取替えいたします。

ⓒ　安井　和彦　2015　　　　　　　　　　　Printed in Japan

本書の無断複写は著作権法上での例外を除き禁じられています。複写される場合は、そのつど事前に、㈳出版者著作権管理機構（電話03-3513-6969、FAX03-3513-6979、e-mail：info@jcopy.or.jp）の許諾を得てください。

JCOPY ＜㈳出版者著作権管理機構　委託出版物＞

ISBN978－4－419－06208－8　C3034